夜回り先生

水谷修が見た公明党

水谷修

第三文明社

夜回り先生

水谷修が見た公明党

プロローグ

私は、この本を今読んでいるみなさんとは、まったく違う世界で二十八年間生きてきた人間です。みなさん方は、「昼の世界の住人《じゅうにん》」、私は、「夜の世界の住人」です。

みなさんは、朝、眠い中、起こし起こされ、そして慌《あわ》てて朝食を食べ、それから、学校や会社、あるいは家事で、昼の時間を忙しく過ごし、夕方仕事が終われば、家庭に戻り一家団欒《だんらん》、おいしい夕食。そして、テレビを見て、お風呂に入り、眠る。そんな生活を送っていると思います。

私は、今から二十八年前に、夜の世界に入りました。横浜にあった生徒数八百人、日本で最大の公立夜間定時制高校に赴任《ふにん》しました。

当時の夜間定時制高校は荒《あ》れていました。中学校で番長、スケバン（女番長）を張った子どもたちが、中学校の高校進学率を上げるために、学習意欲や目的意識もないまま無理やり、送り込まれてきました。学校の中をバイクが走り回り、学校内でシンナーや覚せい剤の売買が行われる。入学してきた生徒たちの半数近くは学校を去って行き、そして、その多くが夜の世界に沈んでいく。そんな高校でした。口の悪い市民が「横浜市立暴力団養成所」と呼んだ高校です。

関東一都六県で四千万円の窃盗《せっとう》を繰り返した生徒もいました。正月の二日、三日と連続してレンタルビデオ店の強盗をした生徒もいました。箱根の山中で、白骨死体《はっこつしたい》で発見され、学校の歯の検査の記録で親元に戻ることができた生徒もいました。

横浜の山手《やまて》警察署から連絡を受け、

「お宅の生徒を銃刀法違反《じゅうとうほういはん》で逮捕した。来てくれ」

「刃渡り何センチですか」

「中国製のトカレフ、拳銃《けんじゅう》、実弾《じつだん》付き」

こんな事件もあたりまえのようにありました。

学校に来ない、来ても授業妨害《ぼうがい》、また、学校周辺にたむろしている生徒たちと人間関係を築き、そして教室に戻すために始めたのが「夜回り」でした。あのころは毎晩、今は、金曜、土曜にその日滞在《たいざい》している町を回っています。

「夜回り」は、かつても今も一緒です。スタートは夜十一時。駅周辺からです。たむろする制服姿、あるいは中高生風の若者たちに声をかけます。

「中学生かい？　高校生かい？　ほら、帰りなさい。十八歳未満の子どもが保護、監督する成人の付き添いなしに夜十一時から朝四時まで夜の町にいることは禁止されている。十分後にここにまた来る。もし、そのときに君たちがここにいたら補導《ほどう》するよ」

駅周辺を一回りしたら、今度は歓楽街《かんらくがい》に。からだを売ろうとしている女の子がいれば、「おい、お母さんのこと、思い出せ。これからいつか君が産む子どものことを考えろ。哀《かな》しむぞ。家に帰ろう」と声をかけ、ドラッグの売人がいれば、その横に立ち、彼らが去るまで彼らを見つめます。そんな生活を、私は二十八年間繰り返してきました。また、これからも死ぬまで繰り返していきます。

そういえば、今まで四人だけ、私の「夜回り」に同行したいと言ってきた国会議員がいます。公明党の浜田昌良《はまだまさよし》参議院議員、石川博崇《ひろたか》参議院議員、中川康洋《やすひろ》前衆議院議員、そして山本香苗《かなえ》参議院議員です。

浜田君とは、横浜の伊勢佐木町《いせざきちょう》周辺を回りました。石川君とは、大阪のミナミを。中川君とは、三重県四日市市を回りました。山本さんとは渋谷を回る予定ですが、まだ日程を合わせることができ

石川博崇参議院議員（左）とともに大阪・ミナミを「夜回り」（2014年4月）

ません。

私は、さまざまな党の数多くの国会議員と出会ってきましたが、自分から「『夜回り』に連れて行ってくれ」と言ったのはこの四人だけです。公明党には、変わった人材がいるようです。

私は、この「夜回り」を通じて、一万人を超える夜の世界の若者たちとかかわってきました。彼らの多くは今、昼の世界に戻り、それぞれ新しい人生を過ごしています。しかし、何割かは、いまだに夜の世界に留《とど》まっています。

先日も、こんなことがありました。深夜一時ごろ、横浜駅で夜回りをしているときです。一台の豪華な車が私の側《そば》に停《と》まりました。運転しているのは、どう見ても暴力団の幹部、その横には派手な服装の若い女の子が……。窓を開けて私に声をかけてきました。

「先生、老《ふ》けたな。まだ夜回りやってるのか。憶《おぼ》えているだろう、先生の教え子だよ」

「まだ、組筋《くみすじ》か」

「一応、代紋《だいもん》（暴力団などの一家を表す紋章）をもらって組を持ってる。でも、先生の教えは守ってる。女や年寄りは食い物にさせないし、うちの組は、ヤク（薬物）も扱《あつか》わない」

私が、哀しい顔をすると、「先生、ごめんな。でも、俺はこんな生き方しかできないんだ」と、つらそうに去って行きました。

そんな生活を過ごし、夜の世界の若者たちと触《ふ》れ合ってきた私が、今から十九年前に、まったく新しい問題を抱《かか》える若者たちの存在に気づきました。


二〇〇一年七月、私は福岡県のある女子高校で講演をしました。

講演後、一人の生徒が校長室に訪ねてきました。校長が二人きりにしてくれると、彼女は泣き始めました。ソファーに座らせ、じっと待っていると、彼女は「助けて」と言って、洋服の左袖をまくり上げました。そこには無数のカミソリで切った傷跡《きずあと》、リストカットでした。私にとって初めてのリストカッターとの出会いでした（68ページの「心の病問題」で詳述）。

私は、彼女に聞きました。

「ごめんね。私が今まで行きあってきたのは、夜の世界でやんちゃをする元気な若者たち。リストカッターとの出会いは、君が初めて。私に何ができるか、わからない。でも、やめたいのかい？」

彼女は小さくうなずきました。

この日から、私は、この問題に取り組みました。そして、彼女のような心の病《やまい》を抱え、苦しむ若者たちがたくさん存在することに気づきました。私が、毎晩「夜回り」を繰り広げているまさにその時間、暗い夜の部屋で明日を見失い、自らを傷つけ、死へと向かう若者たちの多さに圧倒《あっとう》されました。

そして二〇〇四年二月、できる限りの準備を整えて「水谷青少年問題研究所」を設立し、研究所の電話番号とメールアドレスをあらゆるメディアで公開しました。それ以来、数え切れない電話での相談が寄せられました。メールは記録が残ります。百万通を超えるメール相談。五十万人を超える相談に答え続けてきました。

「死にたい、助けて」

「リストカットがやめられない、助けて」

「いじめに遭《あ》っている、助けて」

「虐待《ぎゃくたい》されてる、助けて」

「ひきこもりをやめたい、助けて」

「覚せい剤がやめられない、助けて」等々……。無限に続く相談です。一人の子も死なせない。その覚悟で始めた戦いでした。

しかし、かかわった中で、現在までに二百四十一人の尊い命を、事故死、病死、自死によって失いました。六十五人の命をドラッグによって奪《うば》われました。そのたびに私もスタッフも自分を責めました。

「あのとき、こうしていたら」

「あのとき、こう動いていたら」

後悔の日々でした。それでも、この相談を続けてきたのは、かかわったほとんどの若者たちが自ら立ち上がり、明日を求め、巣立っていってくれたからです。彼ら、彼女らから届く「ありがとう」の言葉が、私たちの支えでした。

私は、こんな生活を二十八年過ごし、そして、これからも死ぬまで繰り返していく人間です。よく、私にこのように聞く人たちがいます。

「先生は、いつも一人。一人で夜の町を歩き回り、一人で子どもたちの叫《さけ》びに向き合っている。苦しくないですか」と。

じつは、私は、一人ではありません。いつもこれまでかかわってきた若者たちが、側で私を支えてくれています。

また、全国の公明党「チーム３０００」（国会議員と合わせて全国三千人の公明党地方議員のネットワークとチーム力のこと）の仲間たちが、私とともに戦ってくれています。

この本では、それを書いていきます。

夜回り先生　水谷修が見た公明党

目次

※本文中の肩書・年齢等は執筆時点のものです。

I

公明党との出会い

二〇〇一年、私は苦しんでいました。夜の町の若者たちとともに生きて、すでに十年近い月日が流れていました。毎日、夜の町を回り、若者たちを一人でも多く昼の世界に戻そうと、動き続けていました。しかし、一人の力は小さい。数多くの若者たちを、ドラッグや夜の世界の大人たちによって奪《うば》われました。そして、いくつもの尊い命を失いました。

私一人の力では、どうすることもできない。行政《ぎょうせい》や政治の力を借りよう。まずは、このような若者たちの存在に気づいてもらおうと、市役所、文部科学省や厚生労働省の担当者など行政の方々の元を回りました。しかし、多くの担当者の方々は、聞く耳を持ちません。自分で夜の世界に入った以上、自己責任。また、未成年であれば、保護者の問題だと、冷たく見放されました。その背景に、現在の教育や学校の在り方、社会全体の閉塞《へいそく》状況があるにもかかわらずです。

それでは、行政を動かす議員の方々の力を借りようと、多くの地方議員や国会議員の元を訪ねました。やはり、聞く耳を持たずでした。

「ドラッグや青少年の暴力問題が、君が語るほど大きな問題とは思えない」

「景気が回復すれば、自然と収《おさ》まる」

他人事《ひとごと》の言葉ばかりでした。

そのように苦しんでいた二〇〇二年、私は東京弁護士会から第十七回人権賞を受けることとなりました。その表彰式で私に賞状を授与してくださったのが、浜四津敏子《はまよつとしこ》参議院議員、当時の公明党代表代行でした。

私は、授賞式のあと、私に話しかけてくださった浜四津代表代行に、思い切ってお願いしました。

「浜四津先生、お願いがあります。今、日本の子どもたちが苦しんでいます。追い込まれています。ぜひ、お話をする時間をつくっていただけませんか」

優しい声が返ってきました。

「水谷先生、〝先生〟はやめてください。私は、水谷先生のように、子どもたちを教えているのではないのですから。〝浜四津さん〟でいいんです。喜んでお話を聞かせていただきます。どうぞ、秘書と打ち合わせをしてください」

名刺をいただきました。そして、翌週には、新宿区の公明党本部でお話する機会をつくっていただきました。

公明党本部で、面会を待っているときです。秘書の方から、「代表代行は次の予定があるので、面会は十五分でお願いします」というきつい言葉が……。十五分で何が話せるのかと、哀《かな》しくなりました。そしてお会いすることとなりました。

ともかく、与えられた十五分で、少しでも多く、しかもきちんと子どもたちの現状を話さなくてはと、必死に話し続けました。しかし、時間はあっという間に過ぎていきます。十五分後には秘書の方が来て、こう告《つ》げました。

「代表代行、時間です。次の予定があります」

厳しいひと言でした。

浜四津さんは、秘書の方に「私は今、水谷先生の大切なお話を聞いています」と伝え、私のほうを見て、「水谷先生、時間は気にしないでください。大切なお話です。

きちんと聞かせてください」と優しく言ってくださいました。

私は、嬉《うれ》しかった。若者たちの非行、犯罪の現状、そしてその背景、若者たちの間でのドラッグ乱用の広がり。今までかかわった子どもたちの実例を話しながら、必死で話し続けました。あっという間に二時間の時が流れていました。

ふと気づくと、私の手の甲《こう》が温かいのです。手元を見つめると、浜四津さんが私の両手を握《にぎ》りしめ、私の足下《あしもと》に座っておられました。そして、私の手の甲には、浜四津さんの涙が……。温かかったです。

浜四津敏子参議院議員（当時）と月刊誌『第三文明』の企画で対談する著者（2007年）

浜四津さんは私の目を見つめ、こう言いました。

「水谷先生、つらかったですね。苦しかったですね。今まで、よく日本の子どもたちを守ってくださいました。ありがとうございます。でも、今日から先生は一人ではありません。私をはじめ、すべての公明党議員が水谷先生とともに、日本の子どもたちを支えていきます。日本の子どもたちのために戦っていきます」

私は、わかってもらえたのだと嬉しくて、涙を流しました。

この日から、私は、公明党の仲間たちと、日本の子どもたちのための戦いを始めました。

縁《えん》というのは、不思議なものです。浜四津さんと出会った翌二〇〇三年一月の初めでした。私が講演のために金沢市のホテルに宿泊し、朝食をとっていたときです。なんと、私の横で食事をしていたのは、浜四津さんでした。

「水谷先生、公明党の旗開き《はたびら》（政党が党旗を掲げて新春に開催する会合のこと）の応援に来てくださったの？」とひと言。おかげで私は、そのホテルで行われた公明党石川県本部の旗開きに参加することとなりました。そのときに知り合った石川県、そして金沢市の公明党の議員の方々が、今に至るまで私の大切な仲間として、北陸の子どもたちを守ってくださっています。本当にありがたい出会いでした。

また、その一年後（二〇〇四年）には、さらに私を助けてくれる大きな出来事がありました。私の高校時代からの親友、浜田昌良《はまだまさよし》君が経済産業省の官僚を辞《や》め、公明党から参議院議員に立候補したのです。

彼は高校時代からまじめで優秀、しかも仲間を大切にする親友でした。彼の選挙には、高校時代の同級生たちが、みんなで力を合わせ応援しました。投開票日には、翌朝までみんなで心配し続けました。当選でした。ただし、すでに朝日が昇ったころ、比例区最後のほうでの当選者でした。

浜田君が国会の場に入ったことで、私と公明党との結びつきはさらに堅固《けんご》なものとなりました。今でも、私が悩んでいると、妻は、必ずこう言います。

「困ったときの浜田さんでしょ。相談してみたら？」

どれだけ、彼に助けてもらったか、数え切れません。

私にはもう一人、忘れることのできない人がいます。故・冬柴鐵三《ふゆしばてつぞう》衆議院議員（元国土交通大臣）です。私は、二〇〇八年春、冬柴さんの秘書から、会いたいという連絡を受けました。翌週、私が大阪に行くことを伝えると、その日に大阪でお会いすることになりました。ホテルには、冬柴さん自身が、車で迎えに来てくださいました。車は、小さな軽自動車、冬柴さんは、よれよれのスーツにズック姿です。

「水谷先生、昼食まだでしょう。一緒に食べながら話しましょう」

私を連れて行ってくれたのは、町の小さなラーメン屋さんでした。

「さっきまで国土交通省の仕事で、現場回りをやっていたので。このズックいいでしょう。これだと、すぐにどこにでも走って行けますから。ここの料理はおいしいですよ」

それから、昼食をとりながら、日本の、とくに関西の子どもたちの現状と問題について冬柴さんと熱く話し合いました。私が夜間定時制高校の教員であったことを話すと、冬柴さんはご自身も、貧《まず》しさの中で働きながら夜間大学で学んだことを話してくださいました。

その日以来、冬柴さんは、私にとって兄同様の存在となりました。何度となく、関西の若者たちを助けてくださいました。いつも笑顔で飛んで来てくださる。あのズック姿で。そして食事はいつも町の小さなラーメン屋さんで中華料理。中華料理といっても、野菜炒めと麻婆豆腐《マーボーどうふ》、たまに、エビのチリソース、締めは焼きそば。おいしそうに、私の倍は食べておられました。もっともっと側《そば》にいて助けてほしい人物でした。

二〇一一年十二月。私は、冬柴さんの訃報《ふほう》を聞いて泣きました。じつは、亡くなる数日前、電話をいただいていました。

「水谷先生、今度の衆議院議員選挙に出ることができるようになった。今度は負けません。水谷先生も応援してください」

嬉しそうに元気な声で話してくださいました。冬柴さんは、その直後に亡くなりました。無念の死だったと思います。もっと長生きしてほしかった大切な人でした。

二〇一二年十二月、冬柴さんの弔《とむら》い選挙には若手の中野洋昌《なかのひろまさ》君が立候補しました。

当然、私も応援に入りました。選挙最終日、最後の演説はＪＲ尼崎《あまがさき》駅前でした。私はたくさんの人たちの前で、応援演説の最後に空に向かって叫《さけ》びました。

「冬柴さん、見ていますか。中野君が、冬柴さんのこの町への思いを背負って、今、この町の人たちの明日のために戦っています。安心してください」

私も、中野君も、来てくださった多くの人たちも涙でした。尼崎の人たちが冬柴さんをどれだけ愛していたか、それがわかる一瞬でした。

近畿地方の私の大切な若い仲間たち、國重徹《くにしげとおる》衆議院議員、伊佐進一《いさしんいち》衆議院議員、中野洋昌衆議院議員、石川博崇《ひろたか》参議院議員、杉久武《すぎひさたけ》参議院議員との関係を築いてくださったのも冬柴さんでした。

現在も、彼らとともに、大阪や尼崎、神戸の「夜回り」を続け、また、さまざまな環境の子どもたちのために活動するＮＰＯなどの活動を支援しながら、子どもたちを守っています。

II

小さな声を、聴く力

ドラッグ問題

今も続いているドラッグと私の戦いは、二十八年前、一九九二年四月六日に始まりました。その日は、私が勤め始めた夜間定時制高校の入学式でした。

入学式の後、私は夜遅くに地元・横浜の山下公園を「夜回り」していました。そこで出会ったのがマサフミです。彼はもう、名前でしか生きていない子、私がかかわった若者で最初に失《うしな》った子です。

彼は公園の植木の陰に座り込み、空《あ》き缶にシンナーを入れて吸《す》っていました。目の焦点《しょうてん》が定まらず、トロッとした顔つきで、立つこともできませんでした。

私が彼の散《ち》らかした吸い殻《がら》を片づけながら近づき、彼の横に座ると、彼はにらみつけてきました。

「おい、行けよ」

きつい言葉に、ただ、「やだよ」と答えていました。でも、何か自然にわかり合えました。

朝日が昇るころ、私の車に乗せて家まで送っていきました。彼の家は下駄履《げたば》きアパート。トイレは共同、風呂もない六畳一間の部屋で、お母さんと二人の生活でした。彼を布団《ふとん》に寝かせ、お母さんと彼の枕元で昼ごろまで話し込みました。マサフミの父親が暴力団員だったこと、彼が三歳のときに暴力団同士の抗争《こうそう》で殺されたこと、それからは、二人で生き抜いてきたこと、生活は貧《まず》しくても、幸せな親子だったことなどを聞きました。

しかし、マサフミが小学校五年生だった八月、お母さんが病気で倒れ、寝たきりになりました。そのお母さんを助けたのがマサフミでした。電気もガスも止められた中、コンビニやお店を回り、廃棄《はいき》するお弁当をもらい生きていきました。また、余った給食のパンや牛乳を「犬にやるから」と、給食のおばさんからもらい、生き抜きました。

そんな中、同級生からの心ないいじめに遭《あ》い、助けてくれたのが同じアパートに住む暴走族のお兄ちゃん。そのまま暴走族に入り、非行へ、シンナー乱用へと堕《お》ちていきました。

翌日から、シンナーをやめるために、マサフミは私と暮らし始めました。一週間から十日、私とともにシンナーなしで暮らしました。しかし、「お母さんが寂《さび》しがっているから」と言って家に戻ると、またシンナー乱用に逆戻り。これを三カ月近く繰り返しました。どうしてもシンナー乱用をやめることができませんでした。

そんな六月二十四日の夜でした。夜九時ごろ、私の学校に訪ねてきたマサフミは、「先生じゃ、俺、シンナーやめられないよ。病院に連れてってくれよ」と言いました。新聞の切り抜きを私に見せながら、こう言ったのです。

「ここに書いてあるんだ。シンナーやドラッグをやめられないのは、依存症という病気で、専門病院の治療でなくては治らないって。水谷先生じゃ、無理なんだ」

私は、このひと言に傷つきました。この日、私は彼を冷たくあしらいました。弟のようにかわいがった彼に裏切られた気がしたからです。

「こんなに面倒を見ているのに、こいつは！」

怒《いか》りが私の心を曇《くも》らせました。

「今夜、先生の家に行ってもいいだろ」とまとわりつくマサフミに、「今日は、警察との公開パトロールがあるからだめだ」と嘘《うそ》をつき、帰らせました。

エレベーターホールまでトボトボと歩いて行くマサフミ。少し行ったところで、振り向きざまに私に叫《さけ》んだ「水谷先生、今日、冷てぇぞ！」――これが彼の最後の言葉でした。償《つぐな》っても、償っても、償えない、私が一生背負っていかなくてはならない言葉です。

彼は、その四時間後の午前二時、ダンプカーに飛び込み、命を失いました。シンナーを乱用していたため、車のヘッドライトが何か美しいものにでも見えたのでしょう。手で光をつかむようにして飛び込んだそうです。事故死でした。

まだ忘れられません、お母さんと二人でマサフミのお骨《こつ》を拾《ひろ》ったときのことを。

「シンナーは、うちの子を二回殺した。一度目は命を。二度目は骨まで奪《うば》った」

お母さんのこの叫びを忘れることができません。お骨はほとんど残りませんでした。

長年のシンナー乱用でマサフミの骨はボロボロでした。

私はもう、自分に教員生活を続ける資格があるとは思えませんでした。教員を辞めようと荷物をまとめていたとき、彼が最後の日に置いていった新聞記事が目に入りました。

「そうだ、教員を辞めて、ただの人になったら相談できない。教員の肩書《かたがき》があるうちに相談に行き、もう一度自分の犯《おか》した過《あやま》ちを整理しておこう」と、彼の死のちょうど一週間後にその病院、せりがや病院（現・神奈川県立精神医療センター）を訪ねました。

そこでは、院長先生が会ってくださり、話を聞いていただきました。私の話を聞き終わった院長先生が発した言葉を、私は一生涯忘れることはありません。

「水谷先生、彼を殺したのはあなただよ。いいかい、シンナーや覚せい剤などのドラッグをやめることができないというのは依存症という病気なんだよ。あなたは、その病気を愛の力で治そうとした。しかし、病気が愛の力や罰《ばつ》の力で治せるのですか。たとえば、四二度の熱に苦しむ生徒を自分の愛の力で治してやると抱きしめて熱が下がるのですか。あるいは、お前の根性がたるんでいるからそんな熱が出るんだと、殴《なぐ》って熱が下がるのですか。その病気を治すために、私たち医師がいるのでしょう。無理をしましたね」

私は、目から鱗《うろこ》が落ちたような気がしました。

さらに、院長先生は、「水谷先生、あなたはとても正直な人だ。あなたは、教員を辞めようとしているでしょう。ぜひ、辞めないでほしい。これからも彼のようなドラッグの魔の手に捕《つか》まる若者がたくさん出るでしょう。それなのに教育に携《たずさ》わる人でこの問題に取り組んでいる人はほとんどいません。一緒にやっていきませんか」と言ってくださいました。

これが、私とドラッグとの戦いのスタートです。

先日、私の元に一通のメールが届きました。かつて、覚せい剤を乱用していた少女からです。そのまま載《の》せます。（原文ママ）

「先生。わたしは10年前覚せい剤中毒でした。そして色んなものを失い、苦しみ、このままではいけないと、辞める努力をしました。毎日永遠と襲《おそ》ってくる身体のきつさ、そしてしたくなってしまう感情を、食べて寝てを繰り返し、部屋に閉《と》じこもってました。本当に苦しくて苦しくて、でも、そんな時ふとつけたテレビで先生の講演を見たんです。きつくてきつくて意識も朦朧《もうろう》としていたのに、先生の講演に吸い込まれるようにテレビを見ていました。そして先生の言葉が心に焼きつきました。あんなに苦しかったのに、起き上がって終わるまで全部しっかり見たんです。

そして、その足で先生の本を買いにいきました。きついとき苦しいとき、先生の本をお経《きょう》のように読みつづけて、何カ月もたったころ、覚せい剤から抜け出していました。先生の本を読むことで、自分を律《りっ》して保てていたんです。そしてそれから10年、今は子どもにも恵まれて、今はほとんど後遺症はなく、たまにくるフラッシュバックはありますが、平和にいきれています。あの時、先生の講演に出会わなかったら、先生の本に出会えなかったら……きっと今は廃人《はいじん》になっているか、刑務所にいるかの生活だったと思います。

先生、わたしを救って下さってありがとうございます。一度も感謝を伝えてなくてごめんなさい。救ってもらったのに感謝を伝えてもないなんて、自分が恥《は》ずかしいです。先生ありがとうございます。わたしを生かしてくれて、ありがとうございます」

私が、このメールをここに載せたことには、理由があります。じつは、このように自分の力で、覚せい剤の魔の手から逃《のが》れることができるケースは、ほとんどありません。それほど、覚せい剤の依存性は強く、自分の意志やだれかからの愛では、救うことはほとんどできません。このメールを読んでいただければ、その依存性のすごさは理解してもらえると思います。

私は、ドラッグの乱用を相談してくる若者たちには、こう伝えます。

「ドラッグ乱用者の一割は、命を奪われます。三割は、刑務所か精神病院の檻《おり》の中です。三割は、行方不明、つまり使い続けます。そして唯一、残りの三割が助かります。ただし、ダルク（依存症患者の回復のための施設）や私たち専門家と、『今日一日は、今日一日はやめよう』と、永遠に日々ドラッグを再使用したいという強い欲求と戦いながら……。君は、どの道を選びますか」と。

一九九五年からは、暴力団と西アジア系の外国人の売人の手によって、恐ろしいドラッグ覚せい剤が、「エス」「スピード」「痩《や》せ薬」など、新しい名前をつけられて、組織的に大量に若者たちの間で広まっていきました。

そのような中、政府は一九九八年に、日本が「第三次覚せい剤乱用期」に突入したことを宣言し、その一番の問題が、私たちの大切な宝物である青少年の間での覚せい剤等のドラッグ乱用にあることを認めました。そして、「薬物乱用防止五カ年戦略」を発表し、教育現場である学校や、取締機関である警察、麻薬《まやく》取締官、税関など、すべての関係機関を動員し、密輸《みつゆ》・密売《みつばい》の摘発《てきはつ》、売人・関係暴力団員の逮捕、小・中・高等学校での薬物乱用防止教育の徹底と、その解決に当たりました。しかし、いまだに「第三次覚せい剤乱用期」は続いています。

二〇〇四年ごろからは、若者たちの間に「合法《ごうほう》ドラッグ」と称する、薬物関連法による摘発の網《あみ》を逃れた危険なドラッグの乱用が広まりました。現行の法律では、関係機関が取り締まることができないために、堂々と全国で店頭販売、あるいは自動販売機による販売までされていました。

この問題にいち早く取り組んだのは、東京都でした。私と一緒に販売店舗の視察や乱用青少年の実態を調べ、国に先駆けて、専門家を集めた「脱法《だっぽう》ドラッグ対策委員会」を立ち上げました。私も、その委員の一人でした。

このとき、東京都議会の中で、最も熱心にこの問題に取り組んだのは公明党の都議団でした。世田谷区議の時代から、私とともにこの問題に取り組んでいた栗林《くりばやし》のり子都議を中心に熱心に取り組みました。東京都は販売店舗で「合法ドラッグ」と称して売られている「脱法ドラッグ」を買い上げ、その一つひとつの成分を分析《ぶんせき》し、違法薬物が含まれている場合は、その製品名を公開し、関係者の摘発を続けていきました。

この動きは、公明党の国会議員へも広がっていきました。公明党本部は、浜田昌良《はまだまさよし》参議院議員を座長として、現在に続く「公明党薬物問題対策プロジェクトチーム」をつくり、その丁寧な活動を通して政府を動かしました。

この結果、ほとんどすべての「合法ドラッグ」の自動販売機は撤去《てっきょ》され、販売店も閉鎖に追い込まれました。ドラッグとの戦いの中で、初めての勝利でした。

この後、しばらくは若者たちの間でのドラッグ乱用は小康状態《しょうこうじょうたい》が続きました。決して乱用者が大きく減ったわけではありませんでしたが、少なくとも急増するという危機的な状況からは脱することができました。小学校五、六年生から中学・高校まで、全国で展開された薬物乱用防止教育の成果だと考えています。

しかし、二〇一二年から再び、危機的状況が訪れました。「危険ドラッグ」です。日本の薬物関連の法律では取り締まることのできない大量の合成ドラッグが中国から日本に密輸され、若者たちが好む派手なパッケージで、五千円程度の安価で販売され始めました。これらは、かつての「合法ドラッグ」がおもちゃのドラッグに思えるほど、強力で危険なもので、「危険ドラッグ」と呼ばれました。二〇一三年、二〇一四年と密輸は続き、さらに危険で強力なドラッグが、若者たちの間に広まっていきました。しか

ドラッグがはびこる繁華街には危険が潜む

も、店頭だけでなく、ネットによって販売されたため、その乱用は瞬《また》く間《ま》に全国に広がりました。そして、このドラッグによる交通事故や、急性中毒による死者が増えていきました。

通常、覚せい剤・シンナー・コカインなどのドラッグを売人から手に入れても、すぐにその場や車の中で使用する乱用者はいません。理由は簡単です。警察に発見され、逮捕される可能性が高くなってしまうからです。それにもかかわらず、手に入れたら我慢《がまん》できず、すぐに使用して、その結果、意識障害（乱用者は「ラリる」といいます）になり、そんな状態で車を運転し、死亡事故を起こしたケースを見れば、この「危険ドラッグ」の依存性の強さと危険性は、すぐに理解できると思います。私は、これまでにかかわった何人もの若者をこの「危険ドラッグ」の乱用で亡くしています。

こうした中、この問題の危機的状況にいち早く気づき、動いてくれたのも公明党でした。谷合正明《たにあいまさあき》参議院議員を座長とする「公明党薬物問題対策プロジェクトチーム」は、国会議員の伝家《でんか》の宝刀《ほうとう》、国政調査権で総務省を動かし、「危険ドラッグ」による全国の救急隊の救急搬送《はんそう》人員数を調査し、その結果を公表してくれました。

二〇一二年一月から二〇一四年六月までの二年六カ月に、全国で三千七百五十二人が搬送され、その中には、多くの重篤《じゅうとく》患者や死者まで存在することが公表されました。これが、国を動かしたのです。

二〇一四年の秋の国会で、すべての党と議員の賛成の中で「薬事法」が改正され、関係機関が危険と見なしたドラッグについては、その販売を禁止し、それらの薬物の中に違法物質が含まれている場合は、逮捕されることとなりました。これによって、急速に「危険ドラッグ」の密輸は減り、現在では、ほとんどその姿を見ることはありません。一大勝利でした。

現在は、若者たちの間で大麻《たいま》の乱用が広がっています。大麻は、違法薬物の中で唯一、日本で栽培によってつくることができます。そのため、暴力団は摘発・逮捕される危険の多い密輸を行わなくて済みます。

また、喫煙の経験があれば、タバコと同様にすぐに使用することができます。密売価格も三グラム五千円程度。紙巻きタバコのようにして使用する場合、一本につき一グラム程度の使用で、一本を何人かの仲間たちで回して使用することができますから、他のドラッグと比べると非常に安価であり、中学・高校生でも小遣いで手に入れることができます。すでに、高校生や中学生、小学生の逮捕者まで出ています。ドラッグの乱用は、若者たちの間では感染症です。非行傾向のある若者たちは、常に集団で行動します。その集団の一人にドラッグが入ってしまうと、その集団全体に乱用が広がってしまうのです。

すでに何人もの芸能人が逮捕されていることから気づいている人もいるでしょうが、六本木や赤坂などの繁華街では、コカインの密売が広がっています。これは、芸能人や一部の裕福な大学生、その取り巻きの女性の間では、以前から問題となっていました。しかし、ついに南米のコカインカルテルが、アメリカのマフィアと協力して、組織的に日本の暴力団へ多量のコカインを送り込んでいます。

東京オリンピック・パラリンピックには、多くの外国人が日本を訪れます。それに向けての動きでしょう。その結果、密売価格が低下し、乱用者もごく普通の大学生やサラリーマンにまで広がってきています。

コカインは恐ろしいドラッグです。鼻から粉末のコカインを吸引《きゅういん》することによって、一瞬にして興奮状態をつくり出します。しかし、その効果は三十分程度。すぐに冷めてしまい、普通の状態に戻ることができます。そのため、乱用を発見することが難しいのです。それでも依存性は強力で、「死ぬまでやめることのできないドラッグ」とまで言われています。なんとしても、東京オリンピック・パラリンピックまでには、抑《おさ》え込まなくてはいけないドラッグです。

このドラッグの問題が、私たちの大切な国・日本から完全に消え去る日まで、私と大切な仲間である公明党「チーム３０００」の仲間たちは、手を携えて戦っていきます。

不登校・ひきこもり問題

二〇一九年の統計では、全国の小・中学校における長期欠席者数は二十四万三十九人、そのうち、不登校の児童生徒数は十六万四千五百二十八人と文部科学省から発表されています。しかし、これは、決して実際の学校現場での状況を示してはいません。

文部科学省による不登校児童・生徒の定義は、小学校や中学校で「何らかの心理的、情緒的、身体的、あるいは社会的要因・背景により、登校しないあるいはしたくともできない状況にあるために年間三〇日以上欠席した者のうち、病気や経済的な理由による者を除いたもの」とされています。

しかし、現在、各都道府県、市区町村では、不登校の児童生徒が学校の代わりに通うことができる適応指導教室の設置が進み、そこに出席した者については、一定の条件を満たせば、学校の教室での授業に参加できていなくても、欠席の扱いとはなりません。

また、高校については、義務教育ではないという理由で統計の対象外となっています。高校の場合は、学校で定めている規定以上の欠席をすれば、自主都合という名目で退学せざるを得なくなります。そのため、高校の不登校生徒数については、国は把《は》握《あく》できていません。

ひきこもりに関しては、民間機関の推定では、二百万人近いという発表もあります。この正確な数値については、国も、どの機関も把握できていません。なぜなら、地域の行政機関が、ひきこもりの人たちについて把握しなくてはならないにもかかわらず、何の調査もなされていないからです。

この不登校・ひきこもりの問題は、いまや、「八〇五〇問題」（八十代の親が五十代の子どもを養《やしな》っているという状態）として、日本社会の明日に暗い影を落としています。

仮に、日本のひきこもり人口が、二百万人とした場合、二百万人の社会資本としての人口が減り、国民健康保険、国民皆年金制度が不安視されているこの状況で、その納付者を失《うしな》っていることとなります。経済面以外でも、大きな社会問題となります。

人は、なんらかの社会に属し、人と人との関係性の中で自分を確認して明日を拓《ひら》いていきます。その帰属する社会を失うことは、その時点で、その人の心の成長を止めてしまいます。これは、本人にとって非常に不安であり、心が不安定になります。その孤立《こりつ》状況が長く続くことにより、心を病《や》み、自死する人が増えるのではないか。あるいは、そのような状況に自分を追い込んだ社会や人に対して恨《うら》みを抱《かか》え、復讐《ふくしゅう》に走るのではないか。このことを、私は二十年近く前から危惧《きぐ》していました。それが現在、日本全国で事件として顕在化《けんざいか》しています。

また、この問題が生じたときから、ひきこもりの子どもたちをなんとか支え続けてきた親たちが、現在七十～八十代の高齢となり、すでに年金だけでは支え切れなくなっています。「八〇五〇問題」の扉が開けられたのです。

ひきこもりの子どもを抱える家庭での一家心中《しんじゅう》事件、将来を悲観しての殺人事件など、この問題を背景とした事件も発生しています。このような事件はさらに増え、大きな社会問題となっていくと考えています。

私の元には四十代、五十代のひきこもりの人たちから多数の相談が寄せられます。男女の比率は七対三。圧倒的に男性からの相談が多いです。この理由は、女性の場合、結婚あるいは出産で家族ができて、この問題が解決することが多いためでしょう。その男性たちからの相談のほとんどは、助けを求めるというより、学校や会社で自分をいじめ、ひきこもりへと追い込んだ人たちへの恨みと憎《にく》しみを語るものです。私が、いくら「過去は変えることができないが、明日はつくることができる。やり直そう」と語っても、心を動かしてはくれません。

そして、暗い夜、過去にこだわり、現在の自分の姿への絶望から自暴自棄《じぼうじき》になっていきます。このような中で、新聞に載《の》るような大きな事件を起こしてしまったケースもあります。

現在、厚生労働省や各自治体が重い腰を上げ、各地にひきこもりの人たちのための就労《しゅうろう》施設を開設しています。また、ひきこもりの当事者や家族を支える各地のNPOも熱心にその活動を展開しています。ただし、そのほとんどは相談待機型《たいきがた》、つまり当事者や家族が直接、相談しなければならない形態です。これでは、救える人の数は限られてしまいます。

じつは、ひきこもりの人たちの実数の把握は簡単にできます。しかし、このことに気づいている関係者は少ないのが現実です。どうすればよいのでしょうか。

まずは、各自治体の納税《のうぜい》台帳を調べ、成年年齢に達している人の中で納税していない人の実数を確認します。そこから失業者（仕事を求めているけれども就労できないでいる人たち）の実数や、病気療養中ほか短期の非課税者などを引けば、おおよその実態を把握することができます。

政府や自治体は、速やかにこうした実態把握に努めるべきです。そして、相談員や支援員が直接、家庭を訪れ、本人や家族の相談に乗るという訪問型の支援を展開すべきであると考えています。

それでは、これらの問題は、どうして起きてしまったのでしょうか。

不登校が大きな問題となったのは、一九八〇年代後半です。それまでは、児童・生徒を学校に通学させることは保護者の義務であり、学校に通学し、そして教室で授業に参加することは、児童・生徒の義務でした。そのため、児童・生徒が不登校になると、多くの場合、親は通学するように厳しく家庭で指導し、学校も、担任や同級生を家庭に送り、通学を強要《きょうよう》しました。

その結果、それらのプレッシャーから逃《のが》れようと、自ら命を絶《た》つ子どもたちが出てしまいました。この事態に驚いた文部省（当時）が、「無理をしてまで学校に通学させなくていい」という通達を出してしまったのです。不登校となった児童・生徒への新たな受け皿となる居場所や相談窓口、対応策をつくることもなく……。この政策は、たしかに子どもたちの命を守るという意味では効果がありましたが、不登校に対する根本的な対策もないままでの対応は、これ以降、たくさんの不登校児童・生徒を生み出すこととなってしまいました。そして、この当時、不登校となってしまった子どもたちの一部が、そのままひきこもりになってしまいました。

ひきこもりの問題には、不登校からのひきこもり以外に、さらに深刻な背景があります。その発端《ほったん》は、一九九一年秋のバブル経済の崩壊《ほうかい》です。

日本はバブル経済崩壊後、金融機関の破綻《はたん》が続き、多くの企業がその活動を縮小し、大不況に陥りました。それに伴《ともな》い、高校生や大学生の就職難に拍車《はくしゃ》がかかり、就職大《だい》氷河期《ひょうがき》を迎えることとなりました。

当時の政府は、企業の再生を第一として、それまでの終身雇用制を柱とした正規雇用から派遣社員や期間労働者などの非正規雇用へと舵《かじ》を切りました。これは企業にとっては労働コストの削減になる救済策でしたが、就労する人たちにとっては非常に不安定な雇用であり、就労そのものが難しくなってしまいました。

このような背景の中で、安定した明日を夢見ることのできる正規社員になれなかった人たちが急増しました。この人たちは「フリーター」と呼ばれ、二十代や三十代の間は、アルバイトや一時的雇用で、生活をなんとか維持《いじ》してきました。また、「ニート」と呼ばれ、社会から切り離されながらも、親の世話になって生きている人たちも増えました。

今、この人たちの多くが、四十代、五十代を迎えています。正規社員としてのキャリアがないことや年齢制限などによって就労の機会を失い、孤立し、ひきこもりとなっている人が非常に増えています。支える家族がいない人の場合は、多くは福祉事務所が動き、生活保護からスタートし、その就労を支援しています。

しかし、家族がいるケースでは、ほとんどの場合、放置されています。そして、親たちは八十代を迎え、もはや子どもの生活や人生を支えることができなくなっています。こうして、日本の「八〇五〇問題」の根本的な原因がつくられたのです。

これらの問題にいち早く動いたのは、公明党でした。公明党の国会議員たちの力で政府を動かし、二〇〇六年には、約六十二万と言われたニートと呼ばれる若者たちのための「地域若者サポートステーション」を全国に二十五カ所立ち上げました。その後、百七十七カ所まで増えています。そして、彼らの自立支援を行いました。それと同時に、彼らの就労を支援する中小企業などには助成金を支出し、さらに、正規雇用した場合には、報奨金《ほうしょうきん》を支出しました。これによって、約十万人の若者たちの社会復帰と雇用を支えることができました（地域若者サポートステーション事業実績）。

この政策には、おもしろい思い出があります。この政策が決定してすぐに浜田君から電話がありました。

「水谷、やったよ。ニートの若者たちを救う予算を通した。この政策の一番大切なところは、中小企業等の〝等〟の部分だ。厚生労働省は、よく認めてくれた。会社でまだ働くことができないニートの若者たちも、さまざまなＮＰＯなどの民間団体で働くことができる。これで、救われる若者がだいぶ増えるだろう」

彼の嬉《うれ》しそうな声、今でも思い出します。

また、若者たちのための就労支援の拠点《きょてん》となる「ジョブカフェ」を全国に展開。就労支援に当たりました。これは、百五十万人の若者たちの就職の後押しとなりました。

公明党は、不登校の問題にも早期から熱心に取り組み、不登校児童・生徒がフリースクールなどの民間の設置施設に通った場合でも、それを学校での出席扱いにする、また、それらの施設への通学についても、通学定期が取得できるようにするなど、多くの子どもたちを守るための法案を提起《ていき》、成立させています。

その一方で、不登校やひきこもりの問題について、一部の党や国会議員、また国民の中でも、「それは個人的な問題で、その子どもたちやその人の、そして、その家庭の問題だ」と言ったり、ただ「怠《なま》け者だから」「いい加減だから」と自己責任にしようとする人たちが存在します。

これは、大きな間違いです。これらの問題は、当時の政府の政策が生み出してしまった社会問題です。早急に対策を講じ、それらの人たちや家族に手を差し伸べなければ、大変なことになります。公明党には、「八〇五〇問題」の解決に向けて、さらに熱心な取り組みをお願いしたいと考えています。

ここまで、暗い話題ばかり書いてきましたから、ちょっとほっとして幸せになれるメールをここに載せます。（二〇一九年九月現在。原文ママ）

「水谷先生、こんばんは。

先生、私は娘の事で先生に何度もメールで相談をさせていただいておりましたものです。私の町に講演会に来られた時は、当時、心病んでいました娘と私を楽屋に通してくださいました。娘はそこで先生に私の町名産の『ういろう』をわたしました。不登校だった娘と息子に、『大丈夫だよ』と色紙に書いてくださいました。私達親子は、どれだけ先生の言葉に助けられたかわかりません。

娘は今、25才です。通信制サポート校を卒業し、ひきこもっていた時に自分でみつけた音楽の道に進み、今年の5月に結婚をしました。今ではとても幸せそうです。

息子も娘と同じ通信制サポート校を卒業し、同じにひきこもっていた時に自分の進む道をみつけ、がむしゃらに勉強をし大学に行き、今は九州にある病院で検査技師《ぎし》として働いています。二人とも、離れた所から連絡があり、先生のブログが終わってしまうことよりも、先生のお身体を心配していました。先生、長い間たくさんの子供達を助けてくださってありがとうございます。わが子からだけでなく、たくさんの人から、先生からの言葉で元気になったと聞くことも多かったです。言葉がみつかりませんが、これからはどうかお身体を大切にされてくださ い。本当にありがとうございました。感謝の気持ちが溢《あふ》れます」

娘さんからもメールが届きました。

「水谷先生、長い間本当に長い間走り続けてくれてありがとうございました。

十数年前、私の町に講演に来てくれた時に先生に直接会えたのをずっと覚えていて、先生の本もたくさん読んで、自傷行為の跡だらけの身体でも生きていこうとずっと思って、26歳まで生きてこれました。結婚も出来ました。私の傷も心も受け入れてくれる人に出会えました。そして、これからは、私が支える事ができるようになりたいと思うようになりました。

　私が行っていた高校は、通信で不登校の子どもたちがたくさんいるので、学校はじめての同窓会の会長になり、卒業生たちの交流の場を作っているところです。私ができることなんか、水谷先生の足元にも及びません。でも、ほんの少しでも、私が行動することで心が軽くなってくれる人たちがいるのなら、その人の為《ため》に動きたいと思います。だから、先生、安心してください。きっと他にも先生に救われてそして、先生のようになりたいと思っている人がいます。ゆっくり休んでください。身体も大切にしてあげてください。先生、本当にありがとう」

児童虐待問題

「バブル経済」崩壊からの長期にわたる大不況の影響は、家庭にも及びました。社会や経済の閉塞的《へいそくてき》状況の中、会社でイライラを抱《かか》えた父親は、それを家庭の中で、大切な家族にぶつけました。その結果、「DV（ドメスティック・バイオレンス）」が急増しました。そして、それはさらに、親から子どもへの「児童虐待《ぎゃくたい》」という形で、日本全体に広がっていきました。

増え続ける虐待に対処するため、二〇〇〇年、政府は「児童虐待防止法」を制定しました。この法律によって、それまで十五歳未満だった虐待の対象児童が、十八歳未満へと拡大されました。

それとともに、虐待の定義も明確化されました。虐待とは、保護者による十八歳未満への「児童に対する暴行」「児童に対するわいせつな行為《こうい》」「児童に対する監護《かんご》義務の放棄《ほうき》（ネグレクト）」「児童に対する心理的外傷（トラウマ）を与える行為」と定義し、禁止しました。二〇一九年からは、法改正により、「児童に対する体罰」も虐待として扱われることとなりました。

この背景には、全国の公明党女性議員たちによる児童虐待防止対策強化を求める署名運動が大きな影響を与えています。全国の女性議員たちが自らの足で歩き集めた七十四万人分の署名が、政府を動かし、公明党案を大きく反映したこの法律が、議員立法によって成立しました。このことが多くの子どもたちを救うこととなりました。

また、単に法律をつくるだけではなく、全国各地に、妊娠、出産から子育てまで切れ目ない支援を行う拠点として「子育て世代包括《ほうかつ》支援センター」の設置を進めました。現在は、全国で千二百八十八市区町村二千五十二カ所まで広がっています。これも、女性議員ならではの心配りであり、たくさんの女性たちの、また子どもたちの命を守る場となっています。

幼児期や青少年期における虐待は、子どもたちのからだと心に大きな傷跡《きずあと》を残します。私がかかわったいじめに遭《あ》った子どもや自傷《じしょう》行為を繰り返す子どもたちでは、家庭での虐待がその一因となっているケースが多く見られました。幼児期からの虐待で人が怖くなり、いつもびくびくしている。そのために、いじめの対象とされる。親から受けた虐待を、「自分が悪いから」と責め続け、リストカットなどの自傷行為に入る。こんな子どもたちが増え続けています。

小学校や中学、高校では、授業の中で、すべての子どもたちに対して、「児童虐待防止法」の内容を、それぞれの学齢に合わせて指導するべきです。そして虐待を受けている児童生徒に、自分たちがされていることが自分のせいではなく、親による犯罪であり、人権侵害であることを伝えるべきです。

児童虐待については、公明党「チーム３０００」の大きな力を借りたことが二度あります。

一度目は、二〇〇四年三月初めでした。

日曜日の昼間、私の元に一本の電話がありました。電話を取ると「夜回り先生ですか」という、か細《ぼそ》い幼い声が聞こえました。私が、「夜回り先生だよ。どうしたの」と聞くと、彼は、小さな声で話してくれました。

彼は、小学校五年生、福島の小さな町に住んでいました。母親は、家で美容室をやっていました。ただ、客は少なく貧《まず》しかった。父親は、無職。夫婦そろって毎日のようにパチンコに通っていました。彼は、ふと小さな声で「僕、カチカチ山なんだ」と言いました。「どういうことだい」と聞くと、話してくれました。

彼の両親は、パチンコで負けると、家に戻ってすぐに「カチカチ山」と彼に言うそうです。そうすると、彼は、ズボンとパンツを下げお尻《しり》を出さなくてはならない。そして、お尻に火のついたタバコを押しつけられるというのです。

「先生、僕のお尻、やけどででこぼこだよ」

彼は、学校でもいじめに遭っていました。貧しさの中で、洋服も洗ってもらえず、お風呂にもたまにしか入れてもらえません。

「しょうがないんだ。僕くさいから」

哀《かな》しそうに彼は語りました。そのあとです。彼は私にこう言ったのです。

「でも、先生、今日は死ぬよ。僕がこの世にいたこと知ってほしくて電話した。これで死ねる」

彼はそのころ、学校でひどいいじめに遭っていたそうです。数人の同級生たちに、トイレに靴を入れられ、殴《なぐ》られたそうです。そこから逃げ出し、廊下に出たとき、担任の先生に出会ったそうです。彼が、必死に「助けて」と言うと、先生は、「おまえも悪いんだぞ。毎日風呂に入れてもらえ！　洋服もきちんと洗濯してもらえ！」と話したそうです。彼は、言っていました。

「僕、風呂も入らせてもらえない。洗濯もしてもらえない。死ぬしかないんだ」

私は、彼に聞きました。

「君の周りに、信用できる優しい大人はいないかい？」

彼は、元気な声で、すぐに答えてくれました。

「おばあちゃん校長先生。優しいんだよ。毎朝、校門のところで、みんなをなでてくれる。僕のように汚《きたな》い子も」

私は、この校長先生に賭《か》けてみることにしました。そして、私は、彼に死ぬことを一日だけ待ってくれるように伝えました。明日、学校に行ってすべてを校長先生に話して、そこからもう一度、私の所に電話してくれるように伝えました。それと同時に、私の事務所のスタッフを、彼の元に送りました。彼が家から出て学校に入るまで、そして学校を出てからも常に側《そば》で見守り、状況によっては保護するように伝えて……。

彼は翌朝、いつも通りに家を出て、学校へと入りました。私は八時過ぎから電話の前で待機《たいき》しました。九時近くに彼から電話がありました。

「先生、話したよ。おばあちゃん校長先生、泣いてる。涙、温かいよ」

彼が、嬉《うれ》しそうに電話で話してくれました。すぐに校長先生が電話を代わり、こう言いました。

「夜回り先生、許してください。この子がこんなに苦しんでいるなんて気づかなかった。校長として失格です。この子は、私が守ります。どうしたらいいのか教えてください」

すばらしい人でした。私はすぐに児童相談所に連絡して、彼を保護してもらうこと、彼の両親については、警察に通報し、虐待で逮捕してもらうこと、担任と校長自身については、教育委員会に事実を報告し、処分を受けることをお願いしました。

ところが、この事件は、それからが大変でした。なんと校長先生が児童相談所の保護を断り、この少年を自分の家に連れて行ったのです。そして、校長先生は（独身だったのですが）、彼を自分の子どもとして育てると頑張りました。だれがなんと言おうとも、「それが自分のできるこの子への精いっぱいの償《つぐな》いだ」と譲《ゆず》りません。一歩間違えば、誘拐《ゆうかい》で逮捕という状況にまでなってしまいました。

私は、意を決して、公明党の浜四津《はまよつ》代表代行に電話しました。そして、すべての事情を話し、助けを求めました。すべてを聞き終わった浜四津さんは、ただひと言、

「動いてみましょう」と。

そして、すぐに動いてくれました。福島県の公明党県議たちと連携を取り、関係する国会議員たちも法務省、文部科学省、厚生労働省、警察庁と走り回ってくれました。感謝しかありません。

今、この少年は二十六歳になりました。大学もとっくに卒業し、地元の企業で活躍しています。彼の側には優しいお母さん（＝おばあちゃん校長先生）がいます。私が、福島県で講演するときは、いつも二人で来てくれます。

二度目は、二〇一二年九月でした。私の元に、出版社経由で一人の少女からの手紙が届きました。彼女は、当時十六歳（高校一年生）。親からの虐待によって栃木県内の児童養護施設で保護され、生活していました。

彼女からの手紙には、夏休み中、施設内で職員によって暴行《ぼうこう》されたことが書いてありました。しかも、何度もです。携帯電話を持っていない彼女は、出版社経由で、必死の思いで救いを求める手紙を私に送りました。私に届いたときすでに、手紙が投函《とうかん》されてから、一週間が過ぎていました。

私は、すぐに動きました。その地区を管轄《かんかつ》する児童相談所に連絡し、所長にすべての事実を話し、彼女を緊急一時保護することと、警察に連絡して、その職員を捜査《そうさ》、逮捕することをお願いしました。児童相談所は、すぐに動いてくれました。彼女は、その日のうちに保護され、安全の確保ができました。

ところが、それからの動きが鈍《にぶ》いのです。私は、保護された彼女と話し合い、彼女が加害者を厳重《げんじゅう》に処罰《しょばつ》してほしいと望んでいることを確認し、警察に伝えました。また、彼女が栃木県内でなく、他県の施設に移動したいということ、さらに高校を替わりたいと望んでいることも児童相談所に伝えました。しかし、警察の動きは遅く、さらに児童相談所も他県に少女を移すことをいやがりました。

私は「困ったときの浜田君」に相談しました。彼はすぐに動いてくれました。他の国会議員とともに、栃木県の公明党議員団に状況を伝え、公明党県議とその施設がある町の公明党町議が、速やかに調査してくれました。じつは、この施設は栃木県でも有名な有力者が開設したものでした。そのため、事態を大事《おおごと》にしないように、この加害職員を傘下《さんか》の精神病院に入院させ、精神疾患《しっかん》による過失《かしつ》としてこの事件を扱おうとしていました。とんでもないことです。

公明党の仲間たちは、相当な圧力にもかかわらず、すぐに県を動かし、その結果、この男は翌年一月に逮捕されました。少女も無事に隣県の施設に保護され、新しい高校でイキイキと生活できるようになりました。心から感謝しています。

家庭内だけではなく、子どもたちのいる施設内においても、このような虐待がすでに大きな問題となっています。

児童虐待については、全国の児童相談所が中心となり、警察や学校がその解決に当たることとされています。しかし、現在の各都道府県及び各政令指定都市に設置が認められている児童相談所の数や人員では、無理があります。その結果、多くの子どもたちが虐待によって追い詰《つ》められ、命まで奪《うば》われています。

速やかに、全国のすべての学校や教育機関、すべての警察署、そして法務省の人権擁護《ようご》機関内に、専門家を配置した相談所を設置し、各機関が密接に連携して保護と解決に当たるようにすべきです。公明党にはこの問題について、さらに動いてほしいと熱望します。虐待は早期に解決しなければ、子どもたちの一生に消すことのできない暗い影を落とします。

嬉しいことに二〇一九年六月、「改正児童福祉法」が成立しました。この法案の成立には、山本香苗《かなえ》参議院議員を座長とする公明党の「児童虐待防止・社会的養護検討プロジェクトチーム」が、大きな働きをしてくれました。この改正によって、「しつけ」と称して容認されてきた家庭内の体罰も、虐待としてはっきりと認定されることになりました。このことによって、たくさんの子どもたちが救われます。

心の病問題

私が、若者たちの変容《へんよう》に気づいたのは、二〇〇一年ごろからです。夜の町から若者たちの姿がどんどん消えていきました。そして、今では「夜回り」をしても一人の若者と出会うこともないような日がほとんどです。

この背景には、警察による夜間補導《ほどう》の徹底が全国で行われていることも一つの要因ですが、それ以上に、若者たちにとって、町に出て仲間とつながる必要がなくなったことが大きな原因です。ツイッターやラインなどのＳＮＳ（ソーシャル・ネットワーキング・サービス）によって、現代の若者たちは、直接会わなくても常に仲間とのつながりを維持《いじ》することができます。その一方で、ネット社会の悪影響によって社会生活が困難となり、心を病《や》む若者が急増しています。

みなさんは、からだの病《やまい》と心の病、どちらが大変な問題だと考えますか？　私は心の病のほうが、数段大きな問題だと考えています。

からだの病は多くの場合、早期に気づくことができます。熱や痛み、不快感などで、病気になったことを知らせてくれるからです。さらに、人間には免疫力や抵抗力が備わっており、早期の軽微《けいび》なものならば自然に治癒《ちゆ》してくれることもあるからです。

しかし、心の病はその早期のサインが見えにくいのです。気分の落ち込みなどで、「これ以上、学校（職場）に行ったら、心が壊《こわ》れてしまう」と知らせてくれても、本人にしかわかりません。ですから、親や周囲の人は、甘えやサボりだと考えがちです。放置したまま深く病み、リストカットや自殺願望などの症状が出ても、親や周囲の人からは「心が弱いからだ」などと言われ、さらに追い詰《つ》められてしまうのです。早期に気づけば、環境を少し変えるだけで救われる心の病が見落とされ、気づいたときには重篤《じゅうとく》なものとなってしまっています。

からだの病でも、心の病でも、最初から一挙に重篤な症状が現れることはありません。必ず軽い初期症状があり、見落としたり、放置することによって徐々に悪化していきます。そして、その過程でさまざまなサインを出していきます。急に性格が暗くなった、食事の量が減った、親との会話が減り、一人で部屋にこもることが多くなった、夜、眠れない日が増えた、学校でも孤立《こりつ》していることが多いなど……。またその逆に、急に性格が明るくなった、今までになく親に近づき甘えるようになった、夜遊びが増えたなどに、できる限り早く気づくことが大切です。

とくに重要なサインは「夜、眠れない」です。心にイライラを抱《かか》えているために夜眠ることができなくなるのです。こんなサインを見落とさず、その時々にきちんと向き合い、抱えている問題をほどいていけば、重い心の病に陥《おちい》ることはまずありません。

私が、この問題とかかわることになったのは、二〇〇一年、高校二年生の一人の少女との出会いでした（「プロローグ」でも言及）。

彼女は、リストカットとＯＤ（overdose《オーバードーズ》＝処方薬を一回の使用量を超えて過剰摂取《かじょうせっしゅ》すること）を繰り返していました。彼女の両親は、彼女が小学生のときに離婚。その後、父親も母親も再婚したことから、家を失《うしな》った彼女と姉は、祖父母に預けられ育てられました。幼くして両親を失った寂《さび》しさは、どれだけのものだったでしょうか。

　しかも、彼女は小学校時代から、姉からは暴力を受け、学校ではいじめられていました。そして、中学校時代からリストカットを始めました。これに気づいた祖母が心療内科《しんりょうないか》に連れて行くと、今度は医師から処方された向精神薬《こうせいしんやく》を一度に

リストカットを繰り返し、苦しんでいる子どもは多い

数十錠《じょう》も服用し、そのつらい状況から逃《のが》れようとしました。このような状態が何年か続き、死を考えていたそのときに、私が彼女の高校で講演を行ったのです。

彼女は私の講演を聞いたあと、私に最後の望みを託《たく》して、私のいた校長室に相談に来ました。校長が二人きりにしてくれると、彼女は泣き始めました。

「座りなさい」と言ってソファーに座らせた数分後、彼女は「助けて」と、制服の左袖をすっとまくりました。彼女の左腕内側は、手首から肩まで無数のカミソリで切った傷跡《きずあと》、そのうちの三本は血管を切り裂《さ》くまで深く切っていました。

私は、思わず「痛かったな」と傷跡をなでながら、「でも、ごめん。先生、君のために何ができるのかわからない。先生が、今まで一緒に生きてきたのは、夜の世界でやんちゃをしている元気のいい子たち。リストカットの子は一人もいない。でも、やめたいのかい？」と聞くと、「うん」とうなずきました。

「わかった、先生、勉強してみる。一緒に生きてみよう」

私はこの日から、この問題、すなわち心の病の問題に取り組みはじめました。

二〇〇三年には、この少女の協力のもと、子どもたちの心の病についての番組をつくってテレビで放映し、二〇〇四年には一冊の本としてまとめて出版。これらの若者たちの相談場所として「水谷青少年問題研究所」をつくり、メールアドレスと電話番号を公開しました。以来、現在に至るまで相談は無限に続いています。

こうした中で二〇〇三年、日本の歴史上初めて、自殺者数が三万四千人を超えました。そのうち十九歳以下の子どもたちの数は六百十三人です。

公明党はいち早くこの問題に取り組み、二〇〇六年の「自殺対策基本法」の制定では、その法律化の中心となり、二〇一一年からは、党内に赤松正雄《あかまつまさお》衆議院議員（当時）を座長とした「自殺対策防止プロジェクトチーム」を設置。二〇一六年には、同法改正により、さらなる自殺対策強化に動きました。この結果、二〇一八年には日本の自殺者数を二万八百四十人まで減らすことに成功しました。これは、一つの成果ではありますが、それでも、この数値は日本から毎年、一つの町が消滅《しょうめつ》していることに匹敵《ひってき》する数です。さらに、対策を講じる必要があります。

その一方で、青少年の自殺はまったく減少することなく、いまや青少年の死亡理由の一位となっています。もはや、これまでのような相談機関の設置、SNSなど相談方法の多様化といった対症療法では、どうしようもない状況となっています。若者たちの自殺の主要原因である心の病問題の対策なしに解決することは難しいのです。

専門家の分析では、日本では現在、百二十万人がうつ病と認定され、一千百万人が心の病の治療を受けています。つまり、国民の一割近くが心を病んでいるということです。恐ろしい数字です。この問題の解決が早急に求められています。

また、リストカットについては、日本では百万人を超え、十代から二十代前半の若者たちの七%がリストカットしているという民間の調査報告があります。

私は、これは実数に近いと考えています。そして、リストカッターの九五%は女子です。男子は五%。ただし、男子のリストカッターの治療は難しいと言われています。その理由は、男子の場合、我慢《がまん》に我慢を重ね、そして切ってしまう。リストカットする時点で、心の病の程度が重いからです。しかも、リストカットは伝染します。親から子へ、そして友人へと……。それにもかかわらず、リストカットを治療できる専門医療機関は日本にはほとんど存在せず、専門家も少ないのが現状です。研究すらも、ごくわずかな研究者が細々と続けているのみです。

このリストカットの問題に関しては、国も、厚生労働省も、各自治体も、まったく動いていません。調査もなされていなければ、対策については、私たち民間に任《まか》せているだけです。リストカッターの一部は、早期の回復がなければ、さらに心が病み、自殺へと進んでいきます。公明党には、早急に取り組んでいただきたい課題です。

私は現在、日本の若者たちの三割は何らかの形で心を病んでいると考えています。その原因の一つは、私たちの社会の攻撃性だと考えています。

一九九一年、バブル経済崩壊《ほうかい》のあと、日本経済が究極の不況に陥りました。そして、経済状況は多少、回復したと言われている現在も、社会状況は閉塞《へいそく》しています。つまり、イライラした社会です。私たちの社会、つまり、職場や家庭から優しい言葉や美しい言葉がどんどん消えていき、その代わりに、きつい言葉が刃《やいば》のように飛び交っています。みなさんの家庭はどうですか？

そして、最も心が繊細《せんさい》で純粋な若者たちや、一部の優しい大人たちが追い込まれ、リストカット、OD、うつ病、自殺と心を病んでいます。

この問題について、公明党は二〇〇八年、古屋範子《ふるやのりこ》衆議院議員を座長とした「うつ対策ワーキングチーム」をつくり、うつ病患者への治療として世界的に認められている「認知《にんち》行動療法」の普及を図《はか》りました。そして、二〇一〇年度からは、うつ病などの気分障害に対する認知行動療法を医師が行う場合、保険適用されることとなりました。大きな成果だと評価できます。

しかし、この問題の根本的解決は、国が、とくに若者たちが、明日を夢見ることのできる明るい優しい社会の建設です。そのためにも公明党には、単に対症療法だけではなく、この国の経済的発展と安定のために、さらに動いてほしいと考えています。

非行・少年犯罪問題

青少年の非行・犯罪は、このところ激減《げきげん》しています。主要な原因は、出生率の低下による青少年人口の減少です。

また、その背景の一つは、児童福祉法の下で、各都道府県警が夜間補導《ほどう》を徹底したことがあります。風俗業や深夜業での少年の雇用に関する取り締まりが厳しくなったために、夜の世界の人間たちにとって、少年を雇《やと》うことのリスクが高くなったこともあります。

しかし、決定的な理由として私は、子どもたちが夜の町に出る必要がなくなったことにあると考えています。ラインなどのＳＮＳの普及で、子どもたちは家にいても仲間とつながることができるようになりました。ネットゲームなどの普及で、家や自分の部屋にいながら、簡単に夜通し楽しむことができるようになったことが大きいと考えます。

一方で、青少年のドラッグ乱用については、まったく沈静化《ちんせいか》する気配がありません。むしろ、ネットによる密売《みつばい》によって、全国的に広がってしまいました。

この問題について、一部の報道機関やドラッグの専門家は、子どもたちの一部が享楽的《きょうらくてき》に、また好奇心から大麻《たいま》などのドラッグを乱用していると捉《とら》えていますが、これは間違いです。たしかにそのようなケースは存在しますが、数としてはわずかです。むしろ、この閉塞的《へいそくてき》な社会状況の中で、明日を見失い、苦しみ悩んでいる子どもたちがドラッグに救いを求めている。こう捉えるべきだと考えています。

また、ひと言で青少年のドラッグ乱用といっても、大麻や覚せい剤、コカインなど、法律で禁止された違法薬物の乱用については大きな社会問題として捉えられていますが、その一方で、市販薬や処方薬の乱用については、ほとんど問題視されていません。

しかし、とくにインテリ系といわれる上位校や経済的に恵まれた家庭環境の中で、一部の危険な市販薬や処方薬の乱用が広がっています。一見すると、「問題なんてない」と思われている青少年たちの中でです。

ドラッグは、明日を夢見ることのできる、幸せな社会では広がりません。私たちの社会が青少年たちにとって決して幸せではない、生きにくい社会となってしまったことが、この問題の一番の要因であることを忘れてはなりません。

そのような中で、二〇一八年六月、民法の一部が改正され、移行措置《そち》の上、二〇二二年四月一日から成年年齢を二十歳から十八歳に引き下げることが国会で決定しました。また、年齢要件を定める他の法令についても、必要に応じて十八歳に下げる改正が進んでいます。さらに、政府及び法務省の中で、少年法の適用年齢を二十歳から十八歳に下げようとする動きも進んでいます。

現行の十八歳、十九歳を未成年（少年）と見なす少年法では、殺人などの凶悪《きょうあく》犯罪の場合、家庭裁判所から地方裁判所に送致《そうち》され、成人と同様の処罰《しょばつ》を受けるケースもあります。ただ、ほとんどの場合、まずは鑑別所《かんべつしょ》に送られ、三週間から四週間、家庭裁判所の調査官による家庭環境や生育環境などの調査を元に、学校や児童相談所とも相談の上で、児童自立支援施設や少年院などへの送致、試験観察や保護観察処分などを通し、少年の更生《こうせい》を図《はか》っています。また、少年院や少年刑務所では、さまざまな職業教育も行い、少年たちの社会復帰への大きな力となっています。

しかし、十八歳、十九歳が成年とされれば、そのような職業教育や矯正《きょうせい》教育を受ける機会を失《うしな》うことになります。警察から検察に送致され、窃盗《せっとう》などの微罪の場合は、その七割弱が起訴猶予《きそゆうよ》となります。刑事事件として立件された場合でも、その多くは執行猶予という形で社会に戻ることになります。また、刑務所に送られても、成人の場合は、禁固《きんこ》刑か懲役《ちょうえき》刑ですから、職業教育や矯正教育を受けることはできません。

じつは、現状では少年犯罪の約四〇%は、十八歳、十九歳の少年が犯《おか》したものです。少年犯罪の原因は、未成熟な少年の場合、多くは家庭環境や生育環境が背景にあります。「この環境を変えていかない限り、真の更生の手助けにはならない」という、これまでの矯正教育の観点から見れば、成年年齢を引き下げることによって、多くの少年たちが指導や教育を受ける機会を奪《うば》われることとなります。

極論ですが、元の劣悪《れつあく》な環境に戻され、再犯を繰り返すことにもなりかねません。もっと厳しく言えば、日本で犯罪が増加する原因にもなり得るということです。また、別の問題もあります。現行の少年法では、未成年が犯罪を犯した場合、その氏名を公表されることは、まずありません。しかし、改正されれば、十八歳、十九歳でも氏名が公表されることになります。たとえば、高校三年生の三人（一人は十八歳、二人は十七歳）が同じ犯罪を犯した場合、十八歳の高校生については氏名が公表され、十七歳の二人については非公表となり、学校での処分やその後の人生において、大きな不平等の原因ともなるのです。

いずれにしても、少年犯罪が急激に減少している現在、少年法の適用年齢を民法との整合性だけのために十八歳に引き下げることには、多くの問題はあっても、メリットは存在しません。

民法の成年年齢の改正後も、喫煙や飲酒などについては二十歳からを維持《いじ》すること と同様に、少年法についても現行のままとすべきです。あるいは、最低でも十八歳、十九歳を「特別成人」という扱いにして、成年とは別の収容施設で、現行と同じ矯正教育や職業訓練を受けられる体制をつくるべきだと考えています。

私がかかわった一人の少年からのメールです。(原文ママ)

「水谷先生。ご無沙汰《ぶさた》してます。

私は23歳になりました。19歳、大学1年生の時に万引きをして夢が絶《た》たれようとしていたとき、先生に初めてメールを送りました。先生は、そのとき私にこう言いました。

『君のことは、私が守ります。でも、君は、してしまったことを償《つぐな》わなくてはならない。店に謝罪《しゃざい》し、お金を払ってくること。そして、警察に自首《じしゅ》すること』

私は、先生に言われたとおり、お店に謝罪をしました。そして、警察に自首しました。警察では、指紋《しもん》や写真もとられました。でも、少年だからという理由で、逮捕はされませんでした。お店の人が、そして、先生が動いてくれたおかげで、事件とはなりませんでした。

今は理学療法士として病院で働いています。諦《あきら》めずに前を向いて頑張れました。幸せです。先生。ありがとうございます。私は父子家庭で父親もすごく喜んでくれました。本当にありがとうございます。身体に気を付けてお過ごし下さい」

もし、少年法が改正されたら、彼のようなケースの少年は、どうなってしまうのでしょうか。

二〇二〇年中には国会で、この少年法改正が、議論されることとなりそうです。公明党にはぜひ、党を挙げて、少年法改正について、最悪の改正とならないよう協力していただきたいと考えています。また、万が一、改正された場合でも、最悪の事態を防ぐための対策の検討をお願いしたいと考えています。

じつは、二〇一三年から、私の関西の仲間たちが、日本財団の協力の下で「職親《しょくおや》プロジェクト」という元犯罪者に対する就労支援《しゅうろうしえん》を行っています。関西に拠点《きょてん》を置く飲食店や建設会社、美容院などが、刑務所や少年院を出所しても親からも見放《みはな》され、職に就くことのできない元犯罪者の若者たちに、仕事と住む場所を提供することにより、社会復帰を支えるというプロジェクトです。すでに数多くの若者たちが、更生の道を歩んでいます。

このプロジェクトには、私の大切な仲間である大阪の杉久武《すぎひさたけ》参議院議員が、陰《かげ》となり日向《ひなた》となり、その活動を支えてくれています。また、このプロジェクトを関東、そして全国へと展開しようと、私は動いています。

公明党「チーム3000」の仲間たちには、ぜひ協力をお願いします。

教育問題

公明党は、「福祉と教育の公明党」と呼ばれています。一九五六年の国政進出以来、常に福祉と教育をその政策の中心として活動してきました。

柏原《かしわばら》ヤス参議院議員（当時）の熱心な訴《うった》えが政府を動かし、一九六九年には、すべての義務教育校での「教科書無償配布《むしょうはいふ》」が実現しました。柏原さんは、議員になる前は小学校の先生でした。貧《まず》しくて教科書を買うことのできない子どもたちの哀《かな》しみを、身をもって感じておられました。その思いが通じたのです。

私が小学生だったころも、生活保護を受けている家庭の子どもたちの教科書は無償配布でした。彼らは、私たちとは別の列で教科書を配られていました。私たちがお金を払う横で、紙に名前を書かされて……。彼らの哀しい顔、今も憶《おぼ》えています。

また、民主党政権下で一時廃止《はいし》されましたが、現在につながる「児童手当」は一九六八年に千葉県市川市と新潟県三条市で、公明党市議たちの努力により、自治体独自の制度としてスタートしたことが発端《ほったん》です。その年のうちに、公明党が国会に「児童手当法案」を提出し、一九七二年には、国の制度としての児童手当が実現しました。これまで、どれだけ多くの家庭が助けられたでしょう。

公明党の教育に対する取り組みは現在も続いており、ついに、その成果として「三つの教育無償化」が実現しました。二〇一九年十月からは「幼児教育の無償化」、二〇二〇年四月からは「私立高校の無償化」と「高等教育の無償化」が始まりました。所得による制限はありますが、これによって多くの家庭が救われます。そして、家庭の経済状況によって教育の機会が制限されることから生じる、「貧困《ひんこん》の連鎖《れんさ》」に歯止めがかかることでしょう。

しかし、教育問題はこのようなハードの問題だけではありません。今、教育現場では、「いじめ問題」など、多くの問題を抱《かか》えています。また、何人もの児童・生徒がいじめを受け、自ら命を絶《た》っています。

二〇〇七年一月、当時の安倍晋三《あべしんぞう》内閣の下で文部科学省はいじめに対する定義を見直しました。さらに、「いじめ防止対策推進法」の施行《しこう》に伴《ともな》い、二〇一三年度からは次のように定義しています。

「『いじめ』とは、『児童生徒に対して、当該《とうがい》児童生徒が在籍する学校に在籍している等当該児童生徒と一定の人的関係のある他の児童生徒が行う心理的又は物理

的な影響を与える行為（インターネットを通じて行われるものも含む）であって、当該行為の対象となった児童生徒が心身の苦痛を感じているもの』とする。なお、起こった場所は学校の内外を問わない」

現在も、これが政府によるいじめの公式の定義とされています。一見すると明確な定義に思えますが、じつは、まったく意味不明です。それどころか、こんなに人を馬鹿《ばか》にした定義は存在しないでしょう。具体的に一つひとつ見ていきます。

まず、「心理的な影響を与える行為」です。これは、具体的に何を、どんな状況を指しているのでしょうか。だれかに「死ね！」「学校に来るな！」「ここにいるな！」などと言う。あるいは、ネットに実名を出して書き込むことは、たしかに、それを言われた子どもにとって、重大な「心理的な影響を与える行為」になるでしょう。でも、これはいじめというより立派な犯罪です。すでにこうした行為によって逮捕された児童・生徒も存在します。

しかし「シカト」（無視）をしたり、悪口や陰口を言うことはどうなのでしょうか。

これも「いじめ」にあたる「心理的な影響を与える行為」なのでしょうか。

私たち大人の社会でも、家庭でも、これは日常的に存在することです。この本を読んでいるみなさんも、だれかを無視したことはあるでしょうし、だれかの悪口や陰口を言ったことはあるはずです。私もあります。これは倫理的、道徳的には重大な問題ですが、「いじめ」なのでしょうか。

人には、好き嫌いがあります。悪口や陰口は、あまりよい行為とは思いませんが、だれかを無視する権利は、大人だけでなく子どもたちにもあるはずです。こうしたことまで「いじめ」にされてしまったら、日本では、よほどの聖人君子でない限り、「いじめ」をしている人となってしまいます。これがこの文部科学省の定義では、不十分でよくわかりません。

次に、「物理的な影響を与える行為」です。これも意味がわかりません。だれかを殴《なぐ》ったり、蹴《け》ったりしてけがを負《お》わせることを意味するのでしょうか。でも、これは立派な傷害罪《しょうがいざい》、刑法犯です。いかに児童・生徒であっても、警察による捜《そう》査《さ》の上で家庭裁判所での審理《しんり》を経て、その罪を償《つぐな》い、少年鑑別所や少年院などの施設で矯正《きょうせい》のための教育を受けることとなります。

では、お金や物を奪《うば》うことでしょうか。これも窃盗《せっとう》、強盗、あるいは恐喝罪《きょうかつざい》となる立派な犯罪です。それでは、からだをぶつけたり、叩《たた》くことでしょうか。じつは、これも一般社会ならば立派な犯罪です。

最後に、この定義における一番の問題を指摘します。それは、「当該児童生徒と一定の人的関係のある他の児童生徒」という部分です。この「一定の人的関係のある」というのは、同じ学校やクラス、部活に所属するという意味なのでしょうか。たしかに、町で私が見知らぬ人に「死ね！」と言ったり、殴ってけがをさせれば、それは「いじめ」ではなく犯罪です。警察によって逮捕され、取り調べを受け、裁判所で裁《さば》かれ、刑務所で罪を償うことになります。

でも、「一定の人的関係」が自分と相手である他の児童生徒の間にある場合は犯罪ではなくなり、「いじめ」になってしまうのでしょうか。これはおかしい。「一定の人的関係」どころか、親子の間のことだとしても、このような行為は裁かれるのですから。

この文部科学省の定義を読み解く中で、「人権を守る機関である法務省や犯罪に対処する機関である警察庁を、このいじめ問題に関与させたくない」という文部科学省の意図《いと》が見えてきます。「学校という聖域には自分たち以外、だれも入れない」という傲慢《ごうまん》さを感じます。

それでは、学校における「いじめ」とは何なのでしょうか。私のいじめに対する定義は簡単です。「学校において、意図的に、ある児童・生徒に対して、精神的苦痛を与えること」です。

具体的に例を挙げれば、ある児童・生徒が気に入らないからという理由で、ノートやカバン、上履《うわば》きなどを隠したり、その生徒の展示作品などに落書きをする。あるいは、思いつきではなく、その生徒を精神的に追い込もう、苦しめようとする意図を持って「シカト」をしたり、ひどい情報やでたらめな噂話《うわさばなし》を他の生徒に流す行為です。

教育

「いじめ」とは、これ以上もこれ以下もなく、ここまでの行為を意味するものと考えています。それ以上の行為は「いじめ」ではなく、犯罪であり人権侵害です。学校だけではなく、司法の場できちんと対処されるべき問題です。

現在、政府も、学校も、親も、大人たちも、「いじめ」を、いじめている子どもと、いじめられている子どもの間の問題として捉《とら》えようとしています。これは許されないことです。なぜなら、いじめている子どもも、じつは問題を抱えているからです。言い換《か》えれば、いじめられている子どもだからです。他の子どもをいじめることで、自分の心の中に抱《かか》えている怒《いか》りや恨《うら》みを解消しようとしているのです。

幸せな子どもは、人をいじめたりしません。この観点が欠けています。いじめは、いじめている子どもの家庭環境や親、ひいては私たちの社会のイライラがその背景にあります。これがわからない限り、いじめ問題の解決はあり得ません。

さらに、文部科学省や教育委員会、そして学校は、とんでもない勘違いをしています。それは「学校では、いじめが存在してはいけない」という盲信です。

いじめのない学校など存在しません。文部科学省の「いじめ」の定義のように、他者に対して不快な思いをさせ、そして他者を傷つける行為であるとすれば、それは、すべての学校、もっと言えば、社会のすべての場所に、家庭の中にすら存在します。

先日、私は大学で学生たちに、「この定義の下でいじめをしたことがある人は挙手してほしい」と言いました。ほぼ全員の学生が手を挙げました。人と人が向き合えば、そこにはどうしても相手を傷つける行為は起こってしまうのです。だからこそ、私たちは、「ごめんなさい」というすばらしい謝罪《しゃざい》の言葉を持っています。

初めから「学校には、いじめは存在してはならない」と決められてしまうと、多くの子どもたちは、だれかをいじめてしまったとき、「自分はとても悪いことをしてしまった」と考え、隠すようになります。また、いじめられた子どもも「自分だけがいじめられている」と考えて孤立《こりつ》するようになり、結果として自分を追い込んでしまうことになります。

教師や親は、子どもたちに、「いじめは学校だけではなく、人と人がともにいる場所では必ず存在する」と伝えることが大事です。そのうえで、「自分の行動や言葉が、だれかに嫌な思いをさせたり、傷つけたりすることは、あたりまえにある。その逆に、だれかからつらい思いをさせられることもある」と伝えるのです。そして「もしも、そんなときは、必ず周りのだれかにそのことを相談する。いじめた場合は謝《あやま》ろう。いじめられた場合は、助けを求めよう」と話すのです。

このことを日々、きちんと教えれば、多くのいじめは解決することができると、私は確信しています。

公明党は、このいじめ問題について、二〇一二年、池坊保子《いけのぼうやすこ》衆議院議員（当時）を座長とした「いじめ問題等検討プロジェクトチーム」を発足。その対策を検討し、「いじめ防止対策推進法」の制定に当たっては、山本博司《やまもとひろし》参議院議員が熱心に取り組んでくれました。また、地方自治体の公明党議員が中心となり、三十の自治体でSNSを活用したいじめ相談を開設していきました。これは、実施した自治体で大きな成果を上げており、国会でも、公明党は早期に全国展開することと、その予算の確保を国に求めています。

しかし、これだけでは不十分です。公明党にはぜひ、このいじめの定義の見直しを図《はか》り、文部科学省や法務省や警察庁、厚生労働省などと協力して、この問題の速やかな解決に当たるよう、動いてほしいと熱望しています。

教育問題については、さらに重大な課題があります。それは、日本の教育システムそのものの問題です。戦後、日本の教育は、六・三・三・四制を導入してきました。そのうち、小学校での六年、中学校での三年を義務教育とし、そのあと向学心のある子どもたちにさらに高校での三年の教育、そして、さらに学ぶことを求める子どもたちに大学での四年（医学・薬学部等は六年）の教育を行うこととしました。

この前半の義務教育については、さほどの問題は感じませんが、問題は高校です。すでに日本の高校進学率（通信制を含む）は九八％を超え、中学校を卒業した生徒のほぼ全員が、高校に進学しています。

戦後、高校は中学校卒業生の三割程度の生徒を対象とし、高度な教育を行う機関としてカリキュラムが設定されました（商業や工業、水産などの職業高校については、また別ですが……）。これは、現在も続いています。これを少しきつく言い換《か》えれば、高校とは元々、全中学生の三割程度の学習的に優秀な生徒を対象としてつくられたものなのです。しかし、中学校の卒業生ほぼ全員が入学するようになった現在でも、高校の指導内容について大きな変更や改革は行われていません。

まずは、みなさんにお聞きします。微分積分《びぶんせきぶん》はできますか？　行列は？　アボガドロ定数を知っていますか？　分子式は？　中国の王朝の変遷《へんせん》は？

よほどの専門の人でない限り、正確に答えることができないでしょうし、みなさんの多くは、そんなことを知っていてもどうなるのかと怒り出すでしょう。

このように、実際の社会ではあまり役に立たない知識を教えているのが高校なのです。しかも、実生活で役に立たないだけでなく、多くの生徒にとって理解することが困難な内容を、高校では七十年以上にわたって、教員たちが日々、生徒に教えています。これは、多くの生徒たちにとって拷問《ごうもん》に等しい虐待《ぎゃくたい》です。

私は、速やかに現在の高校教育の在り方を変えてほしいと考えています。それぞれの学習進度に応じて、またそれぞれの個性と将来への方向性の中で、選ぶことができる多様な教育を行う教育機関を、設置してもらいたいと考えます。

また、義務教育についてもひと言あります。戦後から現在に至るまで、日本の小・中学校には原級留置（留年）がありません。学習内容を理解していようがいまいが、否応《いやおう》なく進級していきます。その結果、分数の計算ができない大学生や成人、教育漢字すらきちんと読み書きできない大人たち、アルファベットも書けない高校生を量産しています。留年については、ＰＴＡなどの諸団体や保護者たちから、「子どもたちがかわいそうだ」あるいは、「それがいじめにつながる」といった反対の声が多く上がっています。

私は大学時代、ドイツに留学していました。そのドイツでも、フランスでも、イギリスでも、アメリカでも、留年は当然のこととして社会全体に受け入れられていました。私が、「日本の義務教育では、留年は長期の病気による欠席等の場合以外、存在しない」と話すと、一様に笑い出しました。

「それでは、その後の教育は大変なことになるね」と。

子どもたちの長い人生を考えた場合、「留年してもきちんと義務教育の内容を理解して成長すること」と「わからないままでもそのまま成長していくこと」のどちらが不幸なのでしょうか。また、どちらが日本にとって有用なのでしょうか。答えは、明らかです。

公明党は、日本の教育制度そのものの一大変革を検討するべきです。まずは速やかに、「日本の明日の教育をつくるプロジェクトチーム」を立ち上げ、私を含め多くの専門家と協力して、子どもたちが笑顔で明日を夢見ることのできる教育体制をつくってほしいと熱望します。

貧困問題

日本は現在、その経済力において世界第三位。世界有数の富《と》める国です。しかし、一九九一年のバブル経済崩壊《ほうかい》後、長く不況の嵐が吹き荒《あ》れました。そして、その後の企業優先の政策から、戦後、日本の繁栄を支えてきた七割の中流家庭が壊《こわ》れ、貧困《ひんこん》家庭を生み出すこととなってしまいました。

また、離婚率の上昇から、「一人親家庭」が急増しました。しかも、現在は、貧困家庭に生まれた子どもたちが、貧《まず》しさの中でさらに貧困に陥《おちい》るという貧困の連鎖《れんさ》も大きな問題となり始めています。その結果、日本の子どもたちの七人に一人は今、貧困に苦しみ、三度の温かい食事をとることができず、貧しさのため、自ら進路を制限しなくてはいけない状況となっています。

私が夜間定時制高校の教員だったときの哀《かな》しい思い出です。文化祭で手作り餃子《ギョーザ》を販売することになり、文化祭前日には、我が家に女子生徒たち五人が集まって、夕方から餃子の皮作り、具作りをし、そして、それを包みました。

その日、我が家の夕食は妻の手作りのしゃぶしゃぶでした。生徒たちと私の家族全員で一緒に食べました。そのときです。一人の生徒が、「これが家族団欒《だんらん》なんだね。私にも、こんな家庭つくれるかな」とそっと言いました。来ていた生徒たち全員が哀しそうに下を向きました。彼女たちは全員一人親家庭。お母さんは、みんな夜の仕事で、このように一緒に食事することなどなかったのです。

私は、「大丈夫　おまえたちなら。それに、先生がついてるぞ！」と言いました。

当時の夜間定時制高校の生徒たちのほとんどは、貧しい家庭の生徒たちでした。

かつて、貧困は生存にかかわる問題でした。家賃を払うことができない。食べ物を買うことができない。病気になっても病院に行くことができない。そのような貧困は、現在はほとんど存在しません。これは、戦後政治の大きな成果だと評価します。

現在の貧困は、文化的な貧困です。日本国憲法第二十五条で「すべて国民は、健康で文化的な最低限度の生活を営む権利を有する」と保障されている文化的な生活を送ることのできない貧困です。ときには家族で外食をする。年に一度でも宿泊付きの旅行をする。こうしたことがなかなかできない家庭が増えているのです。

もう一つ、夜間定時制高校の教員時代の思い出があります。高校四年生の生徒たちと、修学旅行で沖縄に行きました。ほとんどの生徒は、初めて飛行機に乗ります。たいへんな騒《さわ》ぎでした。初めての飛行機で興奮《こうふん》する生徒、空を飛んでいることが恐ろしくて震《ふる》える生徒。宿泊先でも、もう小学生レベルです。目の前に並んだホテルの夕食を見て、「これ食べていいの」と大騒ぎをして感激。挙《あ》げ句《く》の果てには、「先生は、いらないよね」と私の分まで、食べられてしまいました。夜は一睡《いっすい》もすることなく、徹夜で騒いでいました。

彼らと話しました。彼らのほとんどは、生まれて初めての旅行でした。

「小・中学校の修学旅行は?」

「お金がなくて行っていない」

「家族旅行は?」

「うちにはそんな金ないよ」

そんな彼らが、帰りの飛行機で言った言葉、忘れられません。

「先生、旅行なんて、きっとこれが最後だ。楽しかった。最高の贅沢《ぜいたく》だった」

今、とくに子どもたちの貧困は、目で見てわかるものではありません。服装でも、持っているものでも、貧しさを感じることはできないでしょう。しかし、このような家庭の文化的な側面《そくめん》からは、顕著《けんちょ》に貧富の差が表れています。旅行できない、外食できない、塾や予備校に行くことができない、遊園地やプールに行くことができない、映画を見ることや本を買うことができない。こんな子どもたちが増えているのです。

世界三位の経済大国日本で、子どもたちの貧困率はOECD加盟三十四カ国中十番目に高いとされます(二〇一四年)。こんなことがあっていいのでしょうか。

東京、大阪、横浜などの一部の大都市では、学校の先生が、地域のパン屋さんから前日の売れ残りのパンを安く手に入れ、授業前に朝食として子どもたちが食べることができるようにする取り組みも行われています。

また、全国ですでに数千カ所の「子ども食堂」が週に何度か、温かい食事を子どもたちに無償《むしょう》で提供しています。ほかにも全国で数カ所、「子どもデパート」といって、ボランティアから無償提供された、あるいは商店などから手に入れた衣類や文房具、食品を無償で配布しています。しかし、これらはすべて政策として（政府や自治体が主導して）つくられたものではありません。すべて、心ある一人ひとりの人たちの善意《ぜんい》で運営されているものです。

公明党も、この問題には早くから熱心に取り組み、二〇一三年には、公明党の主導で「子どもの貧困対策推進法」が制定されました。二〇一六年には「児童扶養手当法」を改正し、一人親世帯の第二子以降への児童扶養手当を倍増させました。これらの政策の中心となったのは、古屋範子《ふるやのりこ》衆議院議員を中心とする公明党女性委員会の議

貧困

員たちでした。

私は、京都の花園《はなぞの》大学と東京の上智《じょうち》大学で教えています。何人もの学生が、家庭の経済事情から、「返済型奨学金《しょうがくきん》」を借りて、大学で学んでいます。彼らの多くが不安を抱《かか》えています。それは、自分が大学卒業後、借りた金額に利子《りし》まで付けられた奨学金を返済することが重圧《じゅうあつ》となっているのです。

通常、働いていない人は、お金を借りることはできません。資産などがあれば別ですが……。そんなお金を借りることのできない若者たちに「奨学金」という名目で、利子まで付けてお金を貸し、卒業後に返済させる。これが、彼らを不安にさせ、そして、彼らの人生に重しと影を刻《きざ》み込む。これは、許されないことです。

現在、公明党の主導の下、「無利子型奨学金」と「給付型奨学金」、つまり返さなくていい奨学金の給付が進んできています。これには、岡本三成《おかもとみつなり》衆議院議員や三浦信祐《みうらのぶひろ》参議院議員の熱心な活動が大きな影響を与えています。

また、二〇一五年に、竹谷《たけや》とし子参議院議員を座長として設立された「公明党食品ロス削減推進《さくげんすいしん》プロジェクトチーム」は、二〇一九年五月「食品ロス削減推進法」を成立させました。これによって、家庭や事業者から寄贈《きぞう》された未利用食品を、福祉施設や災害被災地などに提供する「フードバンク」の活動が、さらに活性化され、子ども食堂などの活動にも多くの助けとなりました。

しかし、これはあくまで個々の問題に対する対症療法であり、貧困問題の一時的緩和《かんわ》には有用でも、その解決に対してはまったく不十分です。

食品ロスを引き取り、人々に届ける活動を行っている日本初のフードバンク、セカンドハーベスト・ジャパンを訪問する竹谷とし子参議院議員（前列手前）ら、公明党の議員たち（2016年4月）

子どもの貧困問題において、その問題の中心となっている一人親世帯の子どもたちへの無料託児所《たくじしょ》の全国設置、またパート労働者の時給を上げるなど、根本的な貧困対策を行うことが重要です。一人親世帯の親たちが、安心して子どもを預け、そして生活していくために十分な収入を得ることができる社会を早急につくってほしいと考えます。それこそが、福祉と教育の党・公明党の最も大切な課題だと思います。

それとともに、この国の発展のために働き、高齢となった人たちが、安心して暮らすことのできる国づくりも進めてほしいものです。単に、年金に頼って生きていくだけでなく、働きたい高齢者は、どんな高齢になっても自分に合った仕事を見つけ、そして働き、その労働に見合う収入を得ることができる体制もつくってほしいと望んでいます。

障がい者の問題に関しても、単に障がい者手当など、お金による支援だけでなく、手厚い教育と、それぞれの障がいの程度に応じた就労支援《しゅうろうしえん》によって自立を助け、自ら明日を夢見て、切り開いていくことができる社会を築いてほしいと考えています。

障がい者の問題について、一つ書き加えたいことがあります。

みなさんは憶《おぼ》えていますか。二〇一六年七月二十六日、知的障がい者福祉施設、神奈川県立「津久井やまゆり園」に、当時二十六歳の元施設職員が侵入《しんにゅう》し、入所者十九人を刺殺《しさつ》し、入所者・職員二十六人に重軽傷を負《お》わせた事件が起きました。私は、二十代のときに五年間、横浜市にある肢体《したい》不自由児の養護学校高等部で教員をしていましたが、その当時の教え子三人も被害に遭《あ》っています。

事件後、私は報道された彼の発言に恐怖と憎悪《ぞうお》を感じました。彼の言った内容は、要約すれば「自分は、社会にとって役に立たない、それどころか社会にとって負担となる障がい者を殺しただけだ。自分のおかげで、国も無駄なお金を使わなくてすむし、家族も負担が軽くなる」……このような内容です。

彼が殺害《さつがい》したうちの一人は、私が三年間担任をした生徒です。彼は、重度重複《じゅうどちょうふく》障がい。話すことも動くこともできません。でも、彼が嬉《うれ》しいときに大声で上げる声に、私たち教員も家族も、みんな元気をもらいました。家族にとっても、私にとっても、大切な命が奪《うば》われました。

私がこの事件について、敢《あ》えてここに書いたことには理由があります。

今、私たちの社会はとてもイライラして醜《みにく》い社会となっています。町を歩いていても、障がいのある人たちに「急げ」と怒鳴《どな》る心ない人、車でイライラして、あおり運転をする人、韓国と日本の単なる国家間の外交上の問題にもかかわらず、何の責任もない在日韓国・朝鮮人の人たちにヘイトスピーチを浴びせる人。政治家の中にも、生活保護を受けざるを得ない人たちに対して、「だらしない。働け」と言う人までいます。哀しいことです。ネット上はもちろん、町の中でさえ、障がい者や性的マイノリティー、外国人など、少数派の人たちに対して、さまざまな批判や心ない言葉が飛び交っています。

この問題に関しては、岡本三成衆議院議員が、その解決のために戦ってくれています。次の衆議院選挙で、岡本君は比例北関東ブロックから転出して太田昭宏《おおたあきひろ》衆議院議員の地盤《じばん》を引き継ぎ、東京十二区から立候補します。相当、厳しい戦いになると言われています。ぜひ、勝ち抜いて、さらにこれらの問題解決のために、手を貸してもらいたいと思います。

百人の人がいれば、百の考え方があり、百通りの個性や能力があるのです。みんな違ってそれでいい。でも、みんな仲間なのです。みんながそれぞれの存在を認め合い、それぞれ助け合い、みんなが幸せになることができる社会、それこそが、私たちがつくらなくてはいけない社会なのではないでしょうか。

そんな社会の実現のために、公明党にこそ頑張ってほしいと考えています。

青少年問題

現在、私たちの社会は長引く不況の中でイライラした閉塞的《へいそくてき》な社会となってしまいました。そのイライラが集約され、社会的弱者である若者たちに影響を与えてしまいました。そして、いじめ、不登校・ひきこもり、心の病《やまい》、ドラッグ乱用の増加などの社会問題として、私たちに突《つ》きつけられているのです。

私は、二十八年にもおよぶ年月、さまざまな問題を抱《かか》える人たちや子どもたちとかかわってきた経験から、若者たちを中心とした日本国民の三割近くがこのような状況に追い込まれ、壊《こわ》されていると感じています。

多くの若者たちにとって明日の見えない、また、イライラした日本の社会環境が、彼らの性格を暗く重いものに変容《へんよう》させていると考えています。その若者たちを生き返らせるべき教育そのものが、地域、学校とも崩壊《ほうかい》していることが、さらに大きな問題です。本来は、そのような環境の中で育っている子どもたちに対しても、地域や学校がきちんと機能すれば、子どもたちを明るく希望に満《み》ちたものに変えることができるのですが……。

残念ながら、成績中心主義の国の指導の中で、学校などの教育現場では、子どもたちはもとより教員たちも疲《つか》れ果てています。教員と子どもたちが本音《ほんね》で触《ふ》れ合う「ゆとり」は失《うしな》われてしまいました。

地域社会においても、公園で子どもたちがみんなで遊ぶ姿を見かけなくなって久しくなりました。地域の子どもたちのための「子ども会」などは減少し、お祭りや行事もどんどんなくなっています。都会では、隣に住む人のことすら知らない、知ろうとしない人たちが増えています。それどころか、地域の中で子どもたちに声をかけたり、誘《さそ》ったりすれば、誘拐犯《ゆうかいはん》と間違われる事態になってしまっています。実際に、連れ去りなどの事件も多いため、親や学校が用心する気持ちは理解できますが……。

しかし、これでは若者たちは生活の場である学校や家庭、地域で安心して過ごすことはできません。いつも不安感や不信感を抱えているわけですから、猜疑心《さいぎしん》の強い若者たちが育つ土壌《どじょう》であることはたしかです。つまり、人を信用したり、信頼したりする心が育ちにくいのです。

ここまでは、外から子どもたちや若者たちを壊していく要因について語ってきました。次に、子どもたちや若者自身の内部から見てみましょう。

若者たちの変容には、彼ら自身の中にも原因はあります。

まずは、コミュニケーション手段の変化が与える影響について見てみます。かつては、人と人とのコミュニケーション手段は、直接会って相手の顔を見ながら話すか、手紙を書くしかありませんでした。それが通信機器の発達によって、電話という手段が広がりました。直接会うなら相手の顔色、手紙なら筆跡《ひっせき》や表現、電話なら言葉遣いや声のトーンに注意を払《はら》うなど、相手を傷つけないようにひと言ひと言に気を使いながら、責任を持ってなされていました。

しかし、いまやコミュニケーション手段の主流は、メールやＳＮＳなどへと進化しました。相手との直接の触れ合いのない、それなのにすぐに対応しなくてはならないという即時対応を求められるコミュニケーションに変わりました。

その結果、自分の言葉に無責任で、考えずに語る若者たちが増えてしまいました。それだけではありません。面と向かっては絶対に語ることのできない「嫌い」「死ね」などの他者を傷つける言葉を、安易《あんい》に書き込む若者たちも増えています。

本来、人間は子ども時代から野山や公園で仲間たちと遊び、ときには喧嘩《けんか》し、仲直りする、また、自分が嫌いな人とも遊びを通して触れ合い、相手も自分も変わり仲良くなる、このような経験を積み重ねることで多くを学んできました。他者と直接触れ合う中で、優しさや思いやり、我慢《がまん》することや相手に譲《ゆず》ることを自分の性格の中に刻《きざ》み込んでいくのです。

こうした機会が、現代の子どもたちから失われています。子どもたちの多くは他の子どもたちと外で遊ぶことより、一人でゲームをして遊ぶことを選んでいます。仲間たちと直接会っているときですら、会話もせず、それぞれがゲームに没頭《ぼっとう》しています。こうして、子どもたちの性格は壊されていきます。これは子どもだけに限りません。いまや多くの若者、一部の大人たちまでもがこの状態です。

私の元には、数年から十数年間、ひきこもりの生活をしている若者からの相談が続いています。彼らの多くは、子ども時代から傷つけられる可能性のある学校や他者との触れ合いを捨てています。ネットの空間で、そのときどきに自分を楽しませてくれたり、幸せな気持ちにしてくれたりする仲間とだけのコミュニティーをつくり、暗い部屋で過ごしてきました。ところがある日、周りの同世代の人たちが働いて自立していることに気づきます。どうしたらいいのかわからなくなり、相談してくるのです。

彼らは言います。

「ネット空間での生活は幸せなものだった」と。

なぜなら、「嫌な奴《やつ》とは、ボタンやクリック一つで関係を切り、自分にとって都合のいい相手とだけ、日々触れ合っていればよかったから。でも、後悔している」と。

彼らは他者との直接的な触れ合いを自ら絶《た》っていたため、性格は自己中心的であり、しかも、弱いケースがほとんどです。他者との関係は性格をつくる上で、また、性格を変えていく上で、とても重要です。なぜなら、他者の性格を知ることで自分の性格の問題を明らかにすることができるからです。さらに、社会の中でよりよく生きていくためには、自分の性格をどう変えていく必要があるかを自然に学ぶことができるからです。

しかし、他者との関係を絶ってしまえば、経験が積まれていきません。そのせいで、経験や体験が極めて少ないために、社会生活をまともに行うことのできない大人、自立できない大人となってしまうのです。

じつは、リストカットやOD、自殺などの環境要因による心の病は、文明病と言われ、先進国で急増しています。これは当然のことです。アフリカや南アジア、南アメリカなどの国々では、人々は朝から夜までからだを使って働き続け、ただ生き抜くこ

青少年

とに必死で、悩むゆとりすらないと言われています。

それに対して、先進国は機械化やオートメーション化が進み、からだをそんなに使わなくても済む社会です。交通手段が発達し、移動はバスや電車、車が運んでくれます。わざわざ会いに行かなくても、ラインや携帯電話ですぐに連絡を取り合うことが可能だし、スポーツやライブ、お笑いや映画も、外に出向かなくても家にいながらいつでも楽しむことができます。

その一方で、心にとってはとても負担の大きい、疲れる社会となっています。どこにいても、周りの会話や騒音に耳を澄ませていなくてはならないし、人の視線や動きに注意を払い続けていなくてはならない。つまり、日常生活でからだは使っていないのに、神経は研《と》ぎ澄《す》まされているという状態が続いています。じつは、この状態ではからだと心が分離してしまいます。そこに、現代社会で心を病《や》む人が増える原因、そしてほとんどの青少年問題の原因があると考えています。

仏教の有名な言葉に「身心一如《いちにょ》」があります。これは「人間にとって、からだと心は一体だ」という意味です。からだが疲れていたり、病んでいれば、心も暗くなり、楽しいことや夢のあることを考えられなくなります。また、失恋や失敗で心が落ち込んでいると、からだの免疫力や抵抗力も低下し、病気になりやすくなってしまいます。このことを今、多くの人たちが忘れています。

からだと心の関係は、人間の性格決定にも大きな影響を与えると考えられます。自分を甘やかし、「面倒くさい」「かったるい」などと言って、からだを使わないで怠惰《たいだ》な生活を送っていると、性格もいい加減なものとなってしまいます。心についても同様です。いつも「つらい」「哀《かな》しい」と言って落ち込んでいれば、性格そのものが暗いものとなってしまいます。明るく素直で問題のない性格を形成するには、健康なからだ、健全な心をいかに維持《いじ》するかが大切なのです。

しかし、多くの大人たち、若者たち、子どもたちが、不健康で不健全な生活を日々送っています。夜、遅くまで起きていて、テレビやゲームなどで大切な時間を浪費《ろうひ》し、朝は疲れが取れず、朝食もしっかりとることができないまま職場や学校に行く。また、空《あ》いている時間を自分の趣味や教養のために使うこともなく、娯楽《ごらく》と称するつまらないテレビ番組やゲームに興じ、学びや何かを得ることもなくだらだら過ごす。寂《さび》しいというだけの理由で、ラインやネットで意味もなくつながり続ける。

こんな日々を続けていると、当然、からだも心も病んでいくこととなります。そして、長期間繰り返すうちに、性格まで変えられてしまうのです。

極論ですが、もし、公明党が夜十時から朝の五時まで、緊急のものを除いたすべての通信システム（ネットや携帯電話、テレビの放映）を止め、繁華街だけではなく、コンビニまで含めたすべての地域のあらゆる商業活動を停止させたら、これらの問題はすぐに解決するのですが……。それが、不可能なことは、私にもわかってはいます。

私がかかわった一人の若者、若者といっても、すでに四十歳です。彼は高校時代にゲームにはまり、昼夜逆転の生活。徹夜でゲームをすることから高校には通えなくなり、中退しました。その後もゲーム漬《づ》けの日々を過ごしました。

そんな生活態度を注意すると暴《あば》れるので、親はそのままにしました。そして、二十三年の月日が流れました。彼が家から出るのは、ゲームのソフトを買いに行くときだけ。それもネットで買えるようになると、外出は途絶《とだ》えました。

あるとき、どうしてもコンビニに行かなくてはならなくなりました。そのコンビニには中学時代の友人が妻と子どもを連れて買い物に来ていました。その姿を見て彼はショックを受けました。失った時間の長さと重さに圧倒されたのです。

彼はすぐにネットで情報を集め、私のところに相談してきました。

会ってみると、見た目は年相応、四十歳のおじさんです。でも、心はまだ高校生のままで成長が止まっていました。

今、彼は夜間高校に進学するか、資格検定で高卒の資格を取り、大学に行くか悩んでいます。失った時間を、少しでも早く取り戻そうとあがいています。彼がいつも口にする言葉があります。

「ゲームなんてなかったら、こんなことにならなかったのに」

本来、人は直接的な触れ合い、語り合いやぶつかり合いの中で、自分の言動や行動を反省し、そこから自分の生き方や考え方、すなわち性格を反省し、変えていく存在です。当然ですが、たくさん傷つき、人を傷つけ、反省しながら学びを得ていきます。そして、そこから先の長い人生を豊かに生きていく術《すべ》を学んでいくのです。

残念なことに今、生きているこの時代は、それが奪《うば》われつつある社会です。子どもたちだけでなく一部の大人たちは、人と人との直接的な触れ合いを忘れ、見えない相手との仮想空間《かそうくうかん》での触れ合いの中で自分を守ろうとしています。

仮想空間は、非常に身勝手な世界です。いつでも、自分の気に入らないことがあればシャットアウトすることができるから、自分にとって都合のいい状態で生きることができる。その世界の中では、自分の性格は壊されることもなければ、否定されることもない。そんな甘美《かんび》な世界をクリック一つで選び、生きていくことができるからです。そして今、多くの青少年が壊されていっています。この問題についても、公明党には、速やかに取り組んでほしいと考えています。

さらに今、私が危機感を抱《いだ》いている問題があります。それは、性をめぐる問題です。

とくにこの十年、若者の性被害が増大しています。また、性感染症については危機的な状況となっています。若者の、とくに女子中・高校生の性被害が急増したのは、出会い系サイトや携帯電話でのインターネット利用が主な原因です。そこで出会った男からの性被害、また買春《かいしゅん》される被害が急激に増えています。私の元にもたくさんの被害女子からの相談が寄せられます。

多くの人たちは、少女たちはお金がほしくて出会い系サイトに入り、そして出会って被害に遭《あ》うと考えていますが、それは完全な間違いです。ほとんどのケースでは、学校での孤立、家庭の崩壊の中で、寂しさを感じた少女が癒《い》やしを求めて出会い系サイトに入り、被害に遭っています。公明党には、早急に出会い系サイトの規制、そして少女を買春した男性への罰則《ばっそく》の厳罰化のために動いてほしいと考えています。

性被害の増加に伴《ともな》い、若者、とくに中・高校生の少女たちの間で性感染症が広がっています。

昨年、中学二年の少女から私の元に一本の電話相談がありました。

「胸から首にかけての血管が黒く浮き出てきたけれど、どんな病気か」と。

私は、彼女に、性体験について正直に話してくれるように話しました。少女は一人親家庭。お母さんと二人での生活でした。小学校六年生のころから、存在しない父親の優しさを求めて、出会い系サイトで出会った男たちと性交渉を行っていました。

私は、友人の性感染症の専門医に相談しました。彼は、「梅毒《ばいどく》の可能性が高い。すぐに性病科または泌尿器科のある病院で診断してもらうように」と教えてくれました。私は少女を説得し、母親に事情を話して、病院に連れて行ってもらいました。結果は、まさに梅毒。しかも最終の第四期に入る直前でした。数カ月の治療の後、完治しましたが、視力の低下という後遺症は残ってしまいました。

現在、中学・高校の「保健体育」の授業での性教育に対しては、政府や文部科学省から大きな制約がなされています。

その背景には、かつて、一部の頑迷《がんめい》な国会議員やその当時の都知事が、「学校においてコンドーム等の避妊《ひにん》についての丁寧な教育を行うことは、生徒に対して性行為を認めることにつながる」と、文部科学省や教育委員会に対して大きな圧力をかけ、一部の都県では、指導した教員を処分したことがあります。

この騒動の発端《ほったん》となったのは、「東京都立七生《ななお》養護学校事件」です。一九九七年、七生養護学校では教員と保護者が協議し、知的障がい者に対する先進的な性教育プログラムをつくりました。これは当時、全国的にも高く評価されました。

しかし、二〇〇三年、都議会でその内容が問題となり、都知事もそれを問題視しました。その結果、校長以下たくさんの教員が処分を受けました（この処分については、二〇一三年に最高裁で不当という判決が出ています）。

この影響が国会にもおよび、ついには文部科学省が動き、全国で学校における性教育の内容についての調査が行われたのです。この結果、中学・高校での性教育を萎縮《いしゅく》させてしまうこととなりました。これが、現在まで続いています。

学校現場で、コンドームを付ければセックスしていいなどと教える教員はいません。

青少年

しかし、コンドームが、性感染症予防や望まない妊娠予防に役に立つこと、そのきちんとした使用法を教えることは、「保健体育」という教科において、あたりまえの指導だと私は考えます。

若者たちの間に危機的に広がっている性感染症の予防と対策のために、公明党には、学校現場で担当教員が、安心してきちんとした性教育をできる体制づくりをしてほしいですし、実態に即《そく》したこれからなされるべき性教育の在り方を考えてもらいたいと思います。

災害対策問題

ここで記すのは、自然災害などの予防対策についてではなく、自然災害が起きたあとの支援、とくに若者たちへの支援についてです。

みなさん、忘れることができないと思います。二〇一一年三月十一日午後二時四十六分、東北地方、東日本を大地震が襲《おそ》いました。地震、そして津波、原子力発電所の事故によってたくさんの命が奪《うば》われました。

あの日、私は滋賀県大津市にある比叡山延暦寺《ひえいざんえんりゃくじ》でテレビの仕事をしていました。しかし、この大震災の一報を受けて撮影は中止。大津まで送ってもらい、そこでレンタカーを借り、何とか愛知県から岐阜県、長野県と中山道《なかせんどう》を通り、山梨県経由で神奈川県の事務所まで戻りました。事務所に戻ると、すべてのコンピューターは消され、電話は外《はず》されていました。そこで、スタッフたちに囲まれました。

「水谷先生、東北で大地震が起きた。たくさんの人が亡くなっている。助けを求めている。私たちの仙台空港の近くの施設も、まったく連絡が取れない。でも、あの映像では、だめだろう。先生、もう相談はやめよう。恋人に振《ふ》られた、死にたい。行きたい学校に行けない、死にたい。ここに相談に来る子どもたちのほとんどは自分のことしか考えていない。今は、そんな相談にのるより、被災地に行こう。みんなが助けを待っている」

彼らから必死に訴《うった》えられました。私も彼らの気持ちが痛いほどわかりました。

「わかった。相談はやめよう。被災地に行こう。まずは、手分けして全国の仲間たちを、三月二十日午前零時にここに集めなさい。一人でも多くの仲間を。事務所の前の小学校のグラウンドを借りる。どこに何人送るか、宿舎、食料、バスの手配は私がやる。ともかく一人でも多くの仲間を集めてほしい」

私は、そう答えました。

三月十九日午後十一時。私は、仲間たちと被災地に出発するため事務所に戻りました。すると、スタッフたちがパソコンの画面を見て泣いているのです。

「どうした」と聞くと、彼らは、パソコンを指さしました。そこには、一通のメールが映っていました。そのメールの内容をそのまま載《の》せます。（原文ママ）

「水谷先生、憶《おぼ》えてますか。気仙沼《けせんぬま》の高校2年の女の子です。

中学2年の頃から先生にたくさんの死ぬ死ぬメールを送りました。

『父さんは漁師だけど、酔《よ》っ払《ぱら》って帰ってくると、母さん、妹、弟、私を殴《なぐ》る。

死にたい』

『彼氏に捨《す》てられた、死にたい』

『行きたい高校行けない、死にたい』

『リストカットしたら血が止まらない、さようなら』

『薬150錠《じょう》飲んだ、さようなら』

先生、気仙沼の家、津波でやられちゃった。跡形《あとかた》もないんだ。でも、父さん、母さん、妹、弟、私は無事だよ。今、避難場所、中学校の体育館にいる。そしたら、三日前、私が、リストカットしたり薬たくさん飲んだとき、治療してくれた病院のドクターが、うちの避難場所に来てくれた。

私のこと見つけてくれて、『生きてたんだな。よかったな』

抱きしめてくれた。でも、そのあとひどいんだ。

『そうだ、おまえは病院のプロだ。医療班に入れ』

医療班に入れられちゃった。

先生、夕べの気仙沼寒かったんだよ。夕方から雪が降って朝には積もった。私の患者のおばあちゃんが、夜眠れなくて震えてた。無理もないよ。冷たい体育館の床《ゆか》に毛布二枚しいて、掛けるのも二枚の毛布しかない。私、あんまりかわいそうだから、私の毛布全部掛けてあげて、おばあちゃんの毛布に潜《もぐ》り込んで、おばあちゃんの背中やさしくさすってあげたんだ。そしたら、おばあちゃん、『ありがとね。ありがとね』って泣きながら言ってくれた。

先生、いつも先生がいってたことやっとわかったよ。先生、私が『死にたい』って言うと、必ず『人のために何かしてごらん。返ってくる優しさが、ありがとうのひと言が、私の明日を拓《ひら》く、生きる力になる』って言ったよね。これだったんだね。私、もう一つわかったことがある。私が、先生に、『なんで死んじゃいけないの、なんで生きてなくちゃいけないの』って聞くと、いつも先生はこう答えた。『人は、だれかを幸せにするために生きるんだよ。だれかを笑顔にするために生きなくちゃならないんだよ』って。これなんだよね。私、もう死なない。切らない。一生懸命勉強して看護師になる。人の命を助ける仕事に就《つ》く」

このメールを読んでスタッフたちは泣いていました。この日から、私の事務所の相談が復活しました。

災害対策

この子については、後日談があります。

翌年の十月です。はじけるような声でこの子から電話がありました。

「先生、推薦で看護学校の入学が決まったよ」

嬉《うれ》しそうでした。でも、その二カ月後、十二月二十四日の夜、また電話がありました。彼女は泣いていました。

「先生、私、看護学校には行かない。働く」

「どうしたの」

「先生、夕べ夜遅く、私が早めに寝たら、隣の部屋で父さんと母さんと弟が話していた。私の家、仮設《かせつ》だから壁が薄い。話が全部聞こえたんだ。話したよね、父さん、漁船を津波でなくして、ずっと土木関係で働いていること。母さんは、津波に巻き込まれて、命は助かったけど足が不自由になって働けないこと。父さんと母さんが言っていたんだ。

『あの死にたい、死にたいって言っていた子が、こんなに元気になった。それに看護学校に。何とか、入学金と授業料を工面《くめん》してやらないと』

そしたら弟が言ったんだ。

『あんなに哀《かな》しそうだった姉ちゃんが、今はあんなに幸せに。俺、高校進学しない。働くよ』って。私、弟の進学をだめにしてまで看護学校には行きたくない」

そう言って泣いていました。

私は、少しだけ待ってくれるように話しました。

私は、その日の夜遅く、浜田君に電話しました。事情を話した上で、言いました。

たぶん、相当、怒《いか》りの声だったと思います。

「浜田君、いったい国は、公明党は、君をはじめ、国会議員は何をやってるんだ。この子を守れないで！」

彼は、冷静でした。いつものことですが……。

「水谷君、少し待ってくれ。調べてみる。動いてみる」

彼は、すぐに動いてくれました。そして、震災被災者の大学などへの進学については各大学にすでに通達が出されており、入学金や授業料の減免《げんめん》が行われていること。また、それができない場合でも、奨学金《しょうがくきん》の手配ができること。被災者が遠方の大学に進学する場合は、無償《むしょう》で利用できるアパートや寮を被災地各県が用意していることなどを教えてくれました。

あとで知ったことですが、これらの政策には、公明党の国会議員たちの取り組みが大きな影響を与えてくれていました。

二〇一七年三月末、私は、浜田君とともに、三重県で講演会をしていました。その日、彼女から電話がかかってきました。

「先生、国家試験受かったよ。これで正式に看護師になれる。それに就職も決まったんだ。盛岡にある大きな病院。先生、がんだったよね。いつでも入院して。私が見てあげる。浜田先生にも伝えて、いつでも病気になっていいよって。私が世話してあげるからって」

私と、浜田君は、苦笑いでした。

震災の年、二〇一一年九月二十三日、私は大阪青年会議所の若者たちの力を借りて、宮城県石巻市《いしのまきし》の日和山《ひよりやま》にある鹿島御児《かしまみこ》神社境内で、その年最後の炊《た》き出しを行いました。ここでも、石巻市の公明党の市会議員の方々にたくさん助けていただきました。

私の仲間たち、大阪「千房《ちぼう》」のお好み焼き、大阪「くくる」のたこ焼き、二度づけ禁止で有名な大阪「だるま」の串揚《くしあ》げ、そして古くからの大切な友人、神田川俊郎《かんだがわとしろう》さんの店である大阪北新地「神田川」の海鮮シュウマイ、大阪韓国青年会議所の仲間たちのチヂミなど、五千食を用意しましたが、あっという間に終わってしまいました。

会場には、歌手のさだまさしさんも駆《か》けつけてくださり、コンサートを行いました。子どもたちのためには、当時のテレビ番組「ポケモンスマッシュ！」に出演していたタレントの方々も来てくれました。

また、浮島智子《うきしまともこ》衆議院議員は、阪神・淡路大震災で家族を亡くした若者たちを連れて来てくれました。彼らは、浮島さんの指導の下でミュージカルを学んでいるのですが、すばらしい舞台を見せてくれました。会場の横では、小学館系列の漫画家の方々が似顔絵コーナーを開設してくれました。さだまさしさんのコンサートでは、みんなで泣いたり笑ったり、すてきな時間を共有できました。

私と石川博崇《ひろたか》参議院議員は、二人で会場の整理とごみ拾《ひろ》い。石川君は一日中、ごみ袋を片手に頑張ってくれました。周りからは、「国会議員にごみ拾いなんて」という声も上がりましたが、私と石川君は、「僕たちには、料理や音楽はできないけれど、ごみ拾いならだれにも負けない」と、必死に働きました。

そんな中、プロ用のカメラをさだまさしさんのステージに向けていたおじいさんがいました。肖像権《しょうぞうけん》の問題もあるので「これはまずい」と、コンサートのあと、本部に来ていただきました。

私が話そうとすると、おじいさんは「水谷先生、さださん、私は写真を撮《と》っていません。これ見てください」と、カメラで一枚の写真を見せてくれました。そこには、このおじいさんご夫婦、そして息子さんご夫婦、二人のかわいいお孫さんが写っていました。おじいさんは、こう言いました。

「私は、この日和山の下で写真館をやっていました。あの震災の日は、山側の学校での卒業写真の撮影があり、家を留守にしていました。そして、あの津波です。家族みんなが、かわいい孫まで、すべてさらわれてしまいました。さださん、じつは、妻と嫁は、さだまさしさんのファンでした。今日は、さだまさしさんがいらっしゃるというので、妻たちに見せてやろうとここに来ました」

それを聞いて、私と、さだまさしさんは、泣きました。

また、炊き出しが終わったあと、漫画家の人たちに囲まれました。

「先生、つらすぎるよ。何人ものおじいちゃんやおばあちゃんが、亡くなった孫の写真を持ってきて、これを描《か》いてくれって。こんなつらい思いで描いたのは初めてだよ」

みんな泣いていました。哀しい思い出です。

二〇一三年二月には、福島県郡山市《こおりやまし》で不登校・ひきこもりの若者たちのための施設を運営している友人から相談がありました。

震災で家族すべてを亡くし、児童養護施設で保護されていた六人の子どもたちが、高校卒業と同時に施設を出なくてはならない。そのような十八歳を過ぎた、戻る家庭のない子どもたちのための「自立援助ホーム」が、福島県内では一カ所もなく困っているという相談でした。

自立援助ホームとは、義務教育を修了した二十歳未満の青少年を対象に、共同生活を通じた生活の援助・指導や悩み相談、就業支援《しゅうぎょうしえん》を行う施設です。さまざまな事情で親の支援を受けられず、働かざるを得ない子どもの社会的自立を応援しています。福島県内にはその施設がなかったために、六人の子どもたちが高校を卒業すると四月から路頭《ろとう》に迷ってしまうということでした。

このときも私は、浜田君の力を借りて動きました。当時、彼は復興副大臣でした。そして、若松謙維《わかまつかねしげ》参議院議員を中心に公明党福島県本部の議員たちが動いてくれました。県を動かし、予算を確保していただき、同年六月には、福島県初の自立援助ホーム「木《こ》もれび」が活動を始めることとなりました。ここから何人もの若者たちが巣立っていきました。

二〇一六年四月十四日、二十一時二十六分、熊本地震が発生しました。私は被災地への支援物資の搬送《はんそう》や支援要員の送り込みと、忙しい日々を過ごしていました。そんなとき、被災地に住む数人の大学生たちからの相談メールが立て続けに届きまし

郡山市に完成した福島県初の自立援助ホーム「木もれび」を訪問し、開所を喜び合う。写真左から著者、NPO 法人「ほっとスペース R」の宗像家子理事長、浜田昌良復興副大臣（当時）、今井久敏福島県議会議員（2013 年 6 月）

た。その内容はどれも、「被災したことで授業料を納付期限までに納めることができない」という内容でした。

私は、仲間の大学教員たちと手分けして、全国の大学に被災学生の実態調査と授業料の納付期限の延長、またできれば減免を要請しました。それとともに、いつものごとく「困ったときの浜田君」です。浜田君に相談しました。

彼は、関係する公明党の国会議員の仲間たちとすぐに動いてくれ、東日本大震災のときと同様に、被災学生に対する手厚い保護体制をつくってくれました。

二〇一六年の秋。私は講演のため、郡山市の中学校や高校を回っていました。そのときに、校長やＰＴＡ会長から、次のような話を聞きました。

郡山市では、震災前、就学支援を受けなくてはならない中学生は六％程度でした。それが、震災後、企業の撤退《てったい》や倒産、観光客の減少などで、家庭の貧困《ひんこん》化が進み、二二％になってしまったそうです。その結果、高校入学時に必要な二十万円から四十万円の入学金や入学準備金、制服代やカバン、靴などの購入に必要なお金が用意できず、定時制高校へと進路変更を余儀《よぎ》なくされたり、高校進学をあきらめなくてはいけないケースまで出ているというのです。ともかく早急に何らかの対処をしなくては……。

私は、すぐに友人のさだまさしさん、宇崎竜童《うざきりゅうどう》・阿木燿子《あきようこ》夫妻、そして泉谷《いずみや》しげるさんと相談しました。彼らは、喜んで協力してくれました。持つべきものは友です。

そして、二〇一七年三月十日に、郡山市で私の講演会と彼らのコンサートを行いました。このコンサートの開催に当たっては、浜田君はもとより若松謙維参議院議員、真山祐一《まやまゆういち》衆議院議員（当時＝現在は福島県議会議員）、そして公明党の福島県議、郡山市議の方々からたくさんの助力をいただきました。

コンサートは大成功。全国から千五百人の方々が来てくださいました。そして、その収益金《しゅうえききん》九百万円を郡山市に寄付させていただき、この生徒たちの進学を助けることとなりました。

今でも毎年四月に、この寄付を受けて巣立った若者たちから、私たち関係者全員の元に、感謝の手紙が届きます。

全国各地で災害が起きるたびに、困ったときの公明党「チーム3000」の仲間たちから、たくさんの力を借りてきました。

その時々の問題を他人事《ひとごと》にせず、困っている子どもたち、困っている人たちのために、身を粉《こ》にして働いてくださいました。感謝という言葉では表せないほど助けていただきました。どれほど多くの子どもたちが、救われたことでしょう。

III

公明党「チーム3000」の底力

二〇一九年夏の参議院選挙で公明党が掲げたスローガンは「小さな声を、聴く力。」でした。すばらしい、まさに公明党の本質を表した言葉です。

これには、事前の活動がありました。公明党では、二〇一八年四月から三カ月間かけて、すべての議員が「百万人訪問・調査運動」を繰り広げました。国会議員から都道府県議会議員、市区町村議員まで、公明党「チーム3000」のメンバーが一人ひとり、一軒一軒自らの足で訪ね、膝《ひざ》を交《まじ》えて、「子育て」「介護」「中小企業」「防災・減災」の四つのテーマでアンケートを実施し、八十一万二千七百五十五人分の回答を集め、集計しました。

現在、多くの国民が日々の生活やこれからのことで悩んでいる声を聴く。そして、そこから浮かび上がってきた問題を一つひとつみんなの力で解決していく。まさに、これこそが、「小さな声を、聴く力。」です。

みなさんは、人間にとって一番哀《かな》しいことはなんだと思いますか。

「貧《まず》しいこと」、たしかにつらく哀しいです。

「病《やまい》で苦しむこと」、これもつらく哀しいです。

でも、私は、人間にとって、「だれからも見捨《みす》てられ、忘れられること」が、一番哀しいことだと考えています。この国の中にそんな人を一人もつくってはいけない。みなさんから選ばれた議員は、ただ相談に来てくれるのを事務所で待っているのではなく、自ら訪ね歩き、みなさんの問題に気づきました。

「今日からあなたは、もう一人ではありません。私たち公明党『チーム３０００』の仲間たちと、よりよい明日をつくっていきましょう。私たちは、どんなお手伝いもします」

まさに、この活動の中にこそ、「教育と福祉の党」として活動してきた公明党の原点があると思います。

私は、この二十八年間、「夜回り」、そして「子どもたちからの相談」を通してこの国から一人でも見捨てられる、忘れ去られる子どもをつくらないために活動してきました。この私の活動と、公明党の活動は、本質は一つなのです。

二〇一八年四月、我が家で大変な事件が起きました。夫婦喧嘩《げんか》です。私は、妻と結婚して以来、一度も夫婦喧嘩したことがありません。妻に言わせれば、「あなたがいつも家にいないから」だそうですが。たしかに、それは事実です。

この日、夜、私が地方の講演会から帰宅すると、妻が泣きながら、私に怒鳴《どな》ってきました。

「あなたは、いつもこの日本で一人も忘れられた人、哀しい人をつくらないって言っているよね。でも、嘘《うそ》つきだ」

私は、妻の話を聞きました。

その日の夕方、妻の大切な友人から電話があったそうです。しかも、泣きながら。その女性は、その一年前に乳がんが見つかり、放射線治療、化学療法を続けてがんと戦いました。そのときも、戦い続けていました。

仕事の関係で、どうしても、車の運転をしなくてはならないため、所轄《しょかつ》の警察署に運転免許の更新《こうしん》に行ったそうです。ただ、長期の治療によって頭髪《とうはつ》を失《うしな》ったため、頭にバンダナを巻き、そして毛糸の帽子をかぶって行ったそうです。

警察署で免許更新のための写真を撮影するとき、交通安全協会の担当者から、ただひと言、「はい、帽子を脱《ぬ》いでください」と言われました。彼女は、たくさんの人がいる中で、自分が、がんの治療のため、髪を失ってしまったことを伝え、何とか帽子をかぶったままで写真撮影ができないか頼んだそうです。担当者は、自分では判断できず、担当の警察官、しかも交通課の係長に相談しました。

係長は、持って行った書類を指さしながら、彼女に向かってただひと言、「ここに無帽と書いてあるでしょう。帽子は禁止です。もし、そのままが嫌なら、かつらを買って、それで来てください」と答えたそうです。

彼女は、多くの人の前で帽子を取ることができず、結局、家に戻ったそうです。そして、泣きながら妻に電話をしてきたのです。

医療用のかつらは、きちんとしたものなら三十万円はします。それほどの高額を出せる人がどれだけいるでしょうか。

妻は、怒《いか》り狂《くる》っていました。

「厚化粧で、化粧を落としたら同じ女の子とはわからないような子が、化粧したまま免許更新できるのに、病気のために毛糸の帽子をかぶっているだけで、なぜだめなの？　治療で髪を失った女性に、人前でそれをさらせなんて人権侵害。あなたも、あなたの仲間の公明党の議員も何をしているの。こんなことで女性を苦しめるなんて！」

私は、さんざん怒られました。妻の気持ちはよくわかりました。

「少しでも早く、何とかしなくては」と、夜遅くでしたが、「困ったときの浜田君」に電話しました。彼は、すぐにこの問題の重さに気づいてくれました。

「それは、早急に何とかしなくてはいけない。神奈川県のことだし、この問題は弁護士でもある佐々木さやか参議院議員に動いてもらおう」

そして、佐々木さんに連絡してくれました。佐々木さんは、決算委員会で、この事実をありのままに話し、国家公安委員長に「この問題について、どう対処するのか」

と質問してくれました。その結果は、すぐに出ました。

このような病気を抱《かか》えた人が免許更新する場合、他の人のいない別室でその相談を受ける態勢をとり、そして、帽子は医療用キャップとしてそのまま写真撮影することが認められ、免許更新ができることとなりました。これでたくさんの同じ悩みを持つ人たちが救われました。

まさに、公明党「チーム３０００」の力です。

付け加えますが、この事件の前までは、私が他の仕事を断ってまで公明党の仲間

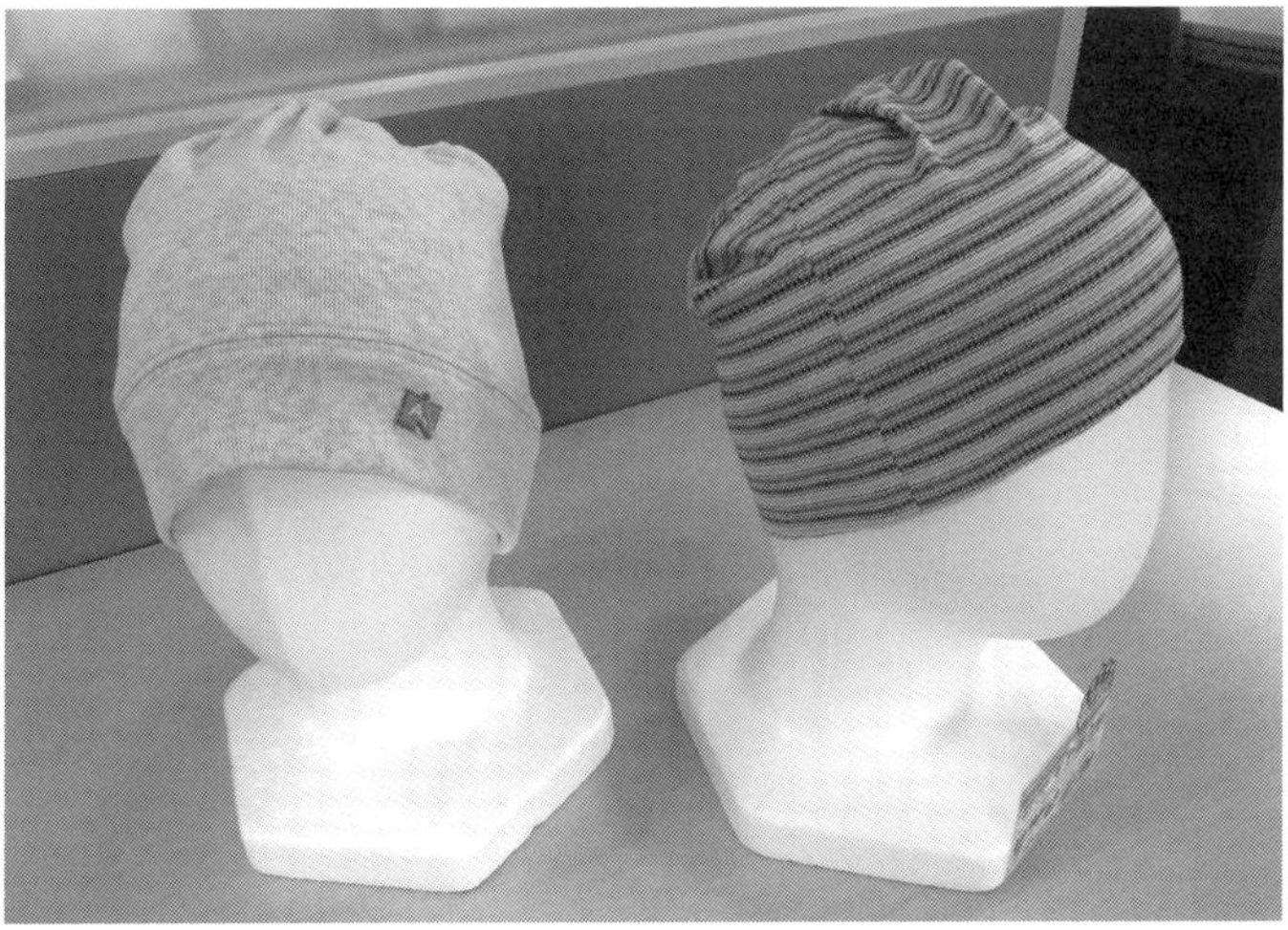

医療用帽子（地域がん診療連携拠点病院 提供）

の応援に行くとき、少し冷たい顔で見送っていた妻が、この日以来、「頑張ってね」と、笑顔で見送ってくれるようになりました。感謝です。

そのほか、私自身は、こんな活動も繰り広げています。

被災地で家族を亡くし、一人で日々を何とか生き抜いている高齢者が東北の被災地にも、熊本の被災地にもたくさんおられます。東北では、釜石市《かまいしし》、石巻市《いしのまきし》を拠点《きょてん》に、京都や東京のたくさんの大学生たちが「お話聴き隊《はなしきたい》」として、夏休みや春休みに行ってくれました。お年寄りの住宅を訪ね、ただお年寄りのお話に耳を傾ける。この活動で、多くの高齢者が生きる力と喜びを取り戻してくれました。

また、被災地のみではなく、全国に「子ども食堂」を展開してきました。私の関係する「子ども食堂」では、どのような環境の子どもたちも無料で夕食を食べることができます。しかも、子どもだけではなく、その家族や地域の高齢者も——二百円程度の材料代はいただきますが——子どもたちと一緒に食事をすることができます。ぜひ、みなさんに見ていただきたい。「子ども食堂」で楽しそうに食事する子どもたちや高齢者の姿を……。

現在の体制では、食中毒の危険を避《さ》けるために、生ものは（お刺し身も、お寿司《すし》も、生野菜も）ほとんど提供することができません。その結果、カレーやシチュー、牛丼、カツ丼などのメニューが中心です。どうしても偏《かたよ》りができてしまいますし、栄養のバランスまで心配りすることは困難です。しかも、作っているのはほぼ素人《しろうと》のボランティアの学生やお母さん方です。とても、専門の店の味には勝つことができません。それでも「温かくてこんなおいしいもの、初めて食べた」とおかわりを求めてくる子どもたち、その姿には涙がこぼれます。

私の専門の夜の町にも、家に帰っても居場所のない若者たちが、いまだに虚《うつ》ろな目でたむろしています。その若者たちの側《そば》に行き、彼らと話し、彼らに夢を語る。そんな簡単なことでも、「ここに一人、自分に気づき、自分を心配してくれる人がいるんだ」——そんな思いになってくれます。そして、それが彼らの生きる力となっていきます。

先日届いたメールです。（原文ママ）

「お久しぶりです。10年くらい前に水谷先生に横浜駅で声かけられて助けてもらいました。

先生、私、いま生きてて良かった。そう思えるようになったよ。一生懸命生きてるよ。28歳になりました。ふと、思い出したので連絡してみました。先生、もうゆっくり休んでいいよ。私、先生みたいにはなれないけど、いまのこどもたちに寄り添《そ》いたいって考えてます。先生大好き」

夜の町に虚ろに佇《たたず》む若者たちが求めているのは、お金ではありません。ほんのちょっとした優しさと、だれかが自分に気づいて側にいてくれること、ともに生きてくれることなのです。

この国で今、百万人を超える子どもたちや若者たちが、いじめや虐待《ぎゃくたい》、学校生活や会社での仕事の不適応から悩み、苦しみ、暗い夜の部屋で、明日を見失い、自らを傷つけ、死へと向かっています。そして、その家族の多くが、相談することもできないままに、問題を抱え込み、苦しんでいます。ひどい場合は、その子どもたちや若者たちを見捨ててしまっています。

私は、相談を受け付け始めてから、すでに五十万人におよぶ悲鳴に向き合ってきました。そして、その中の一部の子どもたちや若者たちは、ネットやSNSに救いを求めています。そこには、救いはなく、さらなる絶望しかもたらさないのに……。そして、さらに傷つき、死へと向かっています。

これらの子どもたちや若者たちに共通するのは、夜の世界の子どもたちや若者たちと同じ寂《さび》しさです。

「自分の苦しみを、だれかに気づいてほしい」

でも、だれも気づいてくれない。あたりまえです。部屋に閉《と》じ込もり、もだえ苦しんでも、だれも気づくことはできません。一歩外に出て、だれかに打ち明ければ、だれかに叫《さけ》べば、そこに救いは生まれるのですが、その勇気を持つことができません。私は、ただひたすら、このような子どもたちや若者たちとかかわり続けてきました。私が、教えるのはただ一つです。

「太陽の下、外に出ること。そしてたくさんの美しいものを探すこと。しかも、ごみ拾《ひろ》いをしながら。人のために何かしながら」

これができた子どもたちや若者たちは救われます。

今日、嬉《うれ》しいメールが二通届きました。そのまま載《の》せます。（原文ママ）

「わたしは水谷先生に救われた子供の一人でした。

もう10年以上経《た》ちますが、高校時代の3年間毎日のように死にたいと思いながら手首を切り、正気で学校に行くと気が狂いそうで朝ごはんの代わりに薬を何錠《じょう》も飲んでフラフラの状態で登校しているような子供でした。友達はおらず、失望されるのが怖くて親にも相談できず、周りに信頼できる人間は一人もいませんでした。

そんなわたしが生き延びることができたのは、水谷先生の本に出会ったからです。水谷先生の本を何度も何度も読んで、泣いて、『いいんだよ』という言葉に救われました。でも先生にメールは送れませんでした。当時のわたしは自分のことが大嫌いで、人と関わることが恐ろしくて、もし先生にメールを送って嫌われたらと思うと、だめでした。

『いつか本当に死ぬしかないとなった時に送ろう』と、水谷先生を最期《さいご》の砦《とりで》のように思っていました。限界のところで留《とど》まれていたのは、水谷先生のおかげです。こんな子供もいるんです。わたしみたいな子供は他にもたくさんいると思います。水谷先生の本を読んで救われている子供は確実にいます。

そんなわたしも来年には30歳になります。手首の傷まで受け入れてくれる優しい夫とも出会うことができ、今年の11月には母になる予定です。あの時死ななくて本当に良かったと心から思えるほど、今は幸せです。

水谷先生、これからも無理のない範囲で、子供たちに教えてあげてください。生きていれば、未来を作っていけば、今がどれだけどん底にいてもいつか幸せになれると。わたしも、自分の子供や周りの子供に希望を与えてあげられる大人になれるように頑張ります。

水谷先生、優しさを配り続けてくれて、本当にありがとうございます」

「先生、久しぶりです。おからだどうですか。

先生、今の先生にはどんな言葉が似合うのかな。

先生、私のリスカのあとを見て、もう大丈夫だよって手を握《にぎ》ってくれた。人のために何かしてごらんって言葉をくれた。

私ね、今、人のためにできることちゃんと考えてるから。待っててね。

先生、私は一生懸命生きていくから。私は、もう大丈夫だから。

先生、ありがとう。忘れない」

暗い夜の部屋で苦しむ子どもたちも若者たちも、求めているのは、ただ側にいて、ともに生きてくれる人なのです。ただ、自分の苦しみに気づいてもらえれば、側にいてもらえれば、ほとんどの子どもたちや若者たちは救われるのです。

ぜひ、公明党「チーム3000」のすべての方の力を借りたいと考えています。この国から、一人でも忘れ去られた子どもや若者、高齢者をつくらないために。これこそが、本

公明党青年委員会は全国で「ユーストークミーティング」を開催し、社会を支える若者の意見や要望に耳を傾けている（2020年２月 横浜市内で）

当の「小さな声を、聴く力。」です。

さて、みなさんは、公明党と他の政党の大きな違いに気づいていますか。とくに、その組織の構造について。

他のほとんどの政党の場合、その組織構造は、ピラミッド型です。政党の党首を頂点として、その下には党三役、そして国会議員、一段下がったところに都道府県議会議員、そして最下部が市区町村議員という構造です。しかも、それぞれの議員の中でも、当選回数によって上下関係がつくられます。

かつて、衆議院では中選挙区制が敷《し》かれ、大きな政党の場合、一つの選挙区から複数の議員が当選していました。その当時は、下部の地方議員の中から国会議員へと転出する人も多くいました。そのことによって、この構造の中に縦糸《たていと》がつくられ、地方と国との、地方議員と国会議員との密接な関係が形成されました。

しかし、現在は小選挙区制の中で、多くの選挙区では鉢植《はちう》え議員と呼ばれる、その地域とは直接関係ない元官僚やマスコミ関係者、あるいは二世議員が、国会議員となっています。そして、それに伴《ともな》い、ピラミッド構造における縦の関係が希薄《きはく》になってしまっています。言い換《か》えれば、地方の声が国に届かないことになってしまっています。各党には地元を大切にし、地元の議員たちとの交流を絶《た》やさず活動している議員も存在しますが、その数はどんどん減ってきています。その一方で、選挙に関係し、得票に結びつく行事や会合がない限り、地元に戻ることのない議員もたくさん存在します。

それに対して、公明党の場合、その組織構造は、ひと言で言えば「平場《ひらば》」です。山口代表から党三役、すべての国会議員、都道府県議会議員、市区町村議員が、みんな同じ目の高さで、肩を組み、一体となり活動しています。当選が何回であろうが、大臣や副大臣、政務官を経験していようが、みんな同じ仲間として、ともに手を取り合い、助け合い、活動しています。まさに、これが公明党「チーム3000」なのです。

私は、子どもたちや若者たちに対する私の活動に賛同し、そして協力してくれた議員の方々への選挙協力をしています。自由民主党の議員もいますし、旧民主党系の議員もいます。当然、公明党の議員の方々も。その選挙応援に行くたびに感じるのが、このような各党の組織構造の違いです。

他のほとんどの党の場合、地方議員の方々は、国会議員を「先生」をつけて呼びます。また、国会議員もそれをあたりまえのことのように思っています。

「市区町村議員より都道府県議会議員、都道府県議会議員より国会議員のほうが、極端に言えば、階級が上で偉いんだ」

いつもそんな雰囲気を感じます。そして、そのたびに不快《ふかい》になります。すべての議員は国民によって選ばれ、そして権利を付託《ふたく》された存在です。その中に上や下は、あってはならないのですから。

それに対して、公明党の場合、さすがに山口代表に対しては「代表」をつけて呼びますが（たぶん、山口代表は、本当は「山口さん」と呼んでほしいのだと感じています）、他の議員たちは、すべての議員が「さん」をつけて呼ばれます。また、すべての国会議員は、自分の選挙区だけでなく他の選挙区の地方議員とも熱心に交流し、助け合いながら、活動しています。

地方議員から提起《ていき》された問題について、その地域担当の国会議員が個別に動くのではなく、多くの国会議員の間で問題を共有し、そして、それぞれの国会議員が自分の専門分野において、その解決に当たる。すばらしいネットワークです。

問題が発生した地域に視察に行く場合も、地方議員単独、国会議員単独ではなく手を携《たずさ》えてみんなで視察します。そして、それぞれの議員が（国会議員も）それぞれの議会でできること、すべきことを分担し、それぞれの管轄《かんかつ》の中でどう動いていくかを、みんなで考えていきます。私は、何度も公明党議員団と、さまざまな施設や被災地の視察に同行しました。そのたびに、この姿に感動しました。

また、全国のほとんどの地域に展開する地方議員が、自ら靴をすり減らし、大切な自分の町を歩き、人々の声に耳を傾け、そして、そこで聴いた声は公明党のすべての議員が共有し、みんなの問題として捉《とら》え、そして力を合わせて、それぞれの議会でその解決に当たる。これこそが、まさに「小さな声を、聴く力。」なのです。

現在の日本で、それができる政党は、たぶん公明党しかありません。

日本のすべての地域で、一人も忘れられた人をつくらず、声なき声に耳を傾け、そして、一人でも多くの人が、幸せになることができる社会をつくる。これこそが公明党の一番の仕事であり、公明党「チーム3000」にしかできないことだと私は思います。すべての国民の笑顔と幸せのために、さらに頑張ってほしいです。


みなさんは三重県の中川康洋《やすひろ》前衆議院議員を知っていますか？　豪放磊落《ごうほうらいらく》、神出《しんしゅつ》鬼没《きぼつ》、とにもかくにも、すごい男です。私が、弟のように大切にしている大好きな親友です。

二〇一六年のことです。私は、彼と二人で深夜、三重県四日市市の繁華街《はんかがい》を「夜回り」しました。もう、町は最悪の状況でした。そこらじゅうに客引き。歩いている人たちに「かわいい女の子いますよ」「いいことできますよ」、裏道に行けば、「マッサージします」と、男性に声をかける外国人の女性。彼らから、みかじめ料を手に入れようとする暴力団の姿も見えます。

当時、中川君は現職の衆議院議員。しかも、四日市市は彼の地盤でした。

私は、彼に言いました。

「君は、何をしているんだ。この町のこの汚れた姿。君の大切な町がこんな無法地帯《むほうちたい》でいいんですか。自分の大切な町を守ることのできない人が、この国を何とかすることができるのですか」

四日市の市議会議員や市職員、警察などとともに繁華街を夜の防犯パトロールに歩く中川康洋衆議院議員（当時 前列左）

彼は、即座に答えました。

「恥ずかしいです。すぐに何とかします」

彼は、すぐに動きました。公明党の市議・県議、そして、県警の担当者と幹部を連れて町の視察をし、それを市議会、県議会で報告し、県警を動かし、町の浄化《じょうか》をしてくれました。

これを、日本中の町で行えば、犯罪、売春、薬物の密売《みつばい》、さまざまな事件をどれだけ減らすことができるでしょうか。公明党「チーム３０００」の仲間たちには、さらに頑張ってもらいたいです。

Ⅳ

いま、なぜ公明党が重要なのか

正直に書きます。私は、青春時代から二〇〇二年に浜四津《はまよつ》さんと出会うまで、公明党をあまり評価していませんでした。

その理由は簡単です。公明党の選挙公約や政策が、あまりにも小さいものだったからです。他党の場合、所得倍増とまでは言いませんが、安定した暮らしのための、読んだだけで魅力的な政策や、国際関係でも、何か日本が世界のリーダーの一員になるような誇《ほこ》らしい政策が並んでいました。言い換《か》えれば、国家の明日を語る勇壮《ゆうそう》なものでした。

それに対して、公明党の政策は、高齢者や一人親家庭、障がい者への手厚い保護、中小企業の保護、子育て支援、医療の充実など、当時の私から見たら、重箱《じゅうばこ》の隅《すみ》をつつくような細かい政策でした。まさに今、現実に起こっている問題に対して、その解決のために対処を提言するものでしたが、当時の私には、それが国家を担《にな》う政党としては、何か小さいと感じていました。

でも、浜四津さんと知り合い、そして親友の浜田君が公明党の参議院議員となり、公明党との関係が深くなるにつれ、自分の間違いに気づきました。

「国家があって国民がある」――多くの政党・国会議員は、そう考えています。しかし、公明党、そしてその傘下《さんか》の議員にとっては、「国民があって、はじめて国家がある」のです。どんなに国家が繁栄《はんえい》し、世界の中での強国となったとしても、すべての国民が幸せでないならば、それは、政治の失敗です。

まさに、公明党の政策は、この観点からつくられていました。まずは、一人でも多くの国民の苦しみを解決し、そしてついには、すべての国民が幸せに生きることができる。そんな国家をつくる。これこそが、本来の政治のあるべき姿です。それを私に教えてくれたのは公明党です。

私は、二〇〇二年以来、公明党の数多くの議員たちと知り合い、ともに日本の子どもたちの明日のために活動してきました。公明党の議員の方々に出会うたびに、感じることがあります。それは、まじめだということです。

冬柴鐵三《ふゆしばてつぞう》さんがそうでした。いつでも、すぐに飛び出していくことができるように、ズック靴。洋服も、いつもヨレヨレ。私との食事は、町のラーメン屋。冗談を語ることもなく、いつも、必死に私の話に耳を傾け、また熱く語ってくれました。ちなみに、冬柴さんの後継である中野洋昌《ひろまさ》君もズック靴です。

これは、私の友人、浜田君も同じです。復興副大臣となっても、いつも吊《つ》るしのスーツ。スーパーで買ってきたワイシャツ。日々、被災地・福島の人たちの姿に触《ふ》れ、その声を聴かなくてはと、福島県に転居しました。

じつは、公明党の議員の方々と話をするのは、私にとっては、とても疲《つか》れる作業でした。今もそうです。彼らにとっては、すべてが勉強なのです。無数の質問が飛び、私が必死に話すと、真剣にメモをとる。私は、「こんなまじめな人たちが、今も存在するのか」といつも驚かされています。

また、私が子どもたちのために助けを求めると、すぐに、みんなで動いてくれます。どれだけ、子どもたちが救われたか。公明党の議員の方々は、自らの日々の生き方の中で、人としての在り方を見せています。これは、なかなかできないことです。

私は、夜になれば、東京の銀座や大阪の新地で、だれかのお金で飲んでいる政治家をたくさん知っています。また、私はマスコミの世界にもいましたから、何人もの政治家の女性問題を耳にすることもありました。しかし、その中に公明党の議員の名前は一つもありませんでした。

自らの地位に甘えることなく、常に初心に返り、国民の幸せのために日々研鑽《けんさん》し、日々苦しんでいる人に寄り添う。私は、この政治家としてのあるべき姿を、多くの公明党議員の中に見ました。

一昨年（二〇一八年）の夏です。二〇一九年の参議院選挙で初当選した福岡県の下《しも》野六太《のろくた》君と、初めて会いました。彼は、元・中学校の体育の教員でした。

私が彼に、「下野さん、専門はなんですか？」と聞きました。すると、彼は即座《そくざ》にこう言ったのです。

「水谷先生、その聞き方は違います。たぶん、水谷先生は野球、柔道など、競技について聞きたいのだと思いますが、その考え方は間違えています。体育の教員は、あくまで体育の教員なんです。体育は、野球やテニス、柔道など、競技を教えることではありません。生徒たちが一生、健康に生きていくことができるよう、心とからだを育てることが体育という教科の仕事なんです」

私は、彼に謝《あやま》りました。また、このひと言で、彼のことが大好きになりました。このまじめさ、これこそが公明党の議員の特徴なのです。

もう一点、ここに記しておかなくてはならないことがあります。それは「自公連立」についてです。

一九九九年、小渕《おぶち》内閣から始まった自公連立は現在に至るまで続き、民主党政権時代を除いて、公明党はこの国の政権与党として活動してきました。このことに関しては、公明党支持者の中にも、さまざまな意見があるようです。

しかし、私は、この「自公連立」を評価しています。

公明党は、その結党以来、「福祉」と「教育」をその活動の中心としてきました。

しかし、じつは、もう一つの柱があります。それは「平和」です。多くの罪《つみ》のない人たちの命を奪《うば》ったあの悲惨《ひさん》な戦争を二度と起こしてはいけない。それは日本だけではなく世界全体でという「世界平和」のための活動を、常に繰り広げてきました。

中国との「日中国交正常化」に際して、公明党が大きな働きをしたことは、歴史的事実です。これも「平和の党」である公明党と中国共産党との戦後の交流があったからこそ、実現できたことです。

三浦信祐《のぶひろ》参議院議員からは、とてもすばらしいことを学びました。彼の初めての選挙で応援に行ったときのことです。彼は、私にこんなことを話してくれました。

「水谷先生、私は、防衛大学校で教えていました。先生、防衛大学校の記章がどのようなものかご存じですか。鳩《はと》なのです。他の国の軍事関係の教育機関の記章は、ほとんどが、鷲《わし》や鷹《たか》など強さのシンボルを表すものです。しかし、日本の防衛大学校では平和のシンボル・鳩を記章としているのです。つまり、この国の平和を守るという意思の象徴なのです。私は、それを常に誇りにしてきました。これからもその思いを胸に、今度は、平和の党・公明党の一員として、平和な国・日本を守っていきます」

その一方で、自由民主党は、とくに安倍政権が始まって以来、急速に、戦後から続くこの国の体制を大きく変革しようとしています。日本国憲法に基づく「消極的な平和主義」から、より「積極的な平和主義」へと方向転換しようとしています。これが、多くの国民、とくに公明党支持者の中で、大きな問題として危惧《きぐ》されています。

そのような流れの中で、安倍政権はついに、戦後の日本の平和の礎《いしずえ》となってきた「日本国憲法」の改正に向けて動きだしました。

長く公明党を支持し、活動してきた公明党支持者の一部は、それが「平和の党・公明党の理念と矛盾しているのではないか」と混乱しています。その気持ちは、私にも十分理解できます。それでも、私は、現在の公明党の活動を評価し、政権与党内に留《とど》まるべきだと考えています。その理由を説明します。

まず、忘れてはいけないことがあります。それは、安倍政権をつくったのはだれかという問題です。それは、国民なのです。

日本は「議員内閣制」による民主主義国家です。つまり、「国民は、自分たちの代表となる国会議員を選挙によって選出し、その国政参加の権利を付託《ふたく》する。国民から選出された国会議員は、自分たちの代表である内閣総理大臣を国会の場で選出し、そして内閣総理大臣は、内閣を組閣し、国民の代表が組織する国会とともに、この国の運営に当たる」という制度に則《のっと》っています。

また、日本は「政党政治」の形態をとっています。ということは、国民の多数の支持を受けた政党が政権を担い、この国を運営していくということです。つまり、安倍政権をつくったのは、多数の国民自身なのです。その国民がつくった安倍政権内に公明党が留まることに、私は違和感を感じません。一人でも多くの人たちの幸せの実現を目指す公明党にとって、政権内に留まることは、より多くの人たちを救うことができるからです。また、真の民主主義国家では、すべての法案が多数決で強硬《きょうこう》に決定されるわけではありません。少数意見も、修正案として取り込みながら決定されていきます。ここに、公明党が、政権内に留まらなくてはならない一番の理由があります。

これまで安全保障関連法案でも、その他の法案でも、自由民主党の原案を、公明党がどれだけ修正してきたか。

現在、政権与党である自由民主党と公明党は、家庭でいうなら、父親と母親の役割分担をしているように思えます。自由民主党は父親、公明党は母親です。

父親は、多くの家庭でもそうでしょうが、外の仕事にかかりっきりです。無駄な出費もしますし、無理をしていい格好をしようともします。また、家庭内のことは、ほとんど母親に任《まか》せっきり。我が子のことすら顧《かえり》みようとしません。

しかし、母親は、家庭を守り、ときには父親の財布のひもを締《し》め、父親を叱《しか》り、その一方で優しく子どもたちを守り育てていきます。私は、まさにこの関係が、自公連立政権における、自由民主党と公明党との関係に思えます。

もし、家庭に、このような母親がいなければ、どうなってしまうでしょう。父親は暴走《ぼうそう》してしまい、お金の浪費《ろうひ》で破産、家の中はごみだらけ、家庭崩壊《ほうかい》となってしまうでしょう。そして、その子どもたちは、親から何の助けも受けることができず、苦しんでいくことになってしまいます。

もし、政権与党内に公明党がいなかったら……。そう考えるとぞっとします。公明党がいたからこそ、ともすると暴走しそうになる安倍政権に歯止めをかけ、何とかこの国を守り、常に国民への優しい眼差《まなざ》しを忘れず、多くの福祉、教育政策の実現によって、国民を守ることができてきたのではないでしょうか。

「国家があって国民がある」のではなく、「国民があって、はじめて国家がある」——公明党がその理念を忘れることなく貫き続けていることが、この背景にあります。

また、公明党が政権内に留まることによって、多くの国民を守る法案が成立しています。その詳細は、すでに書きました。その多くは自由民主党が、少数派である公明党の力が必要だからこそ、協力し、成立したものです。ここにも、公明党が政権内に留まっていることの成果があります。

エピローグ

私は、青春時代、社会体制の変革や改革を夢見て、学生運動へと身を投《とう》じました。左翼《さよく》組織の高校生幹部の一人でした。

しかし、政府の弾圧《だんあつ》や学校の管理主義体制の中で、どんどん抑圧《よくあつ》されていきました。仲間の幾人かはその挫折感《ざせつかん》から、あるいは抗議のために、若い命を自ら絶《た》ちました。しかも、学生運動そのものが、一般の生徒たちからの共感を得ることができず、乖離《かいり》していく中で、多くの仲間たちはより過激な活動へと進んでいきました。

今も私の心の中には、あの当時の学校や教師や親の姿が、一つのアンチテーゼとして強く残っています。教師のほとんどは生徒側には立ちませんでした。彼らにどんなに訴《うった》えかけても、聞く耳を持たず、「大人になって世の中のことがわかるようになったら、話を聞いてやろう」という冷たい言葉だけを返してきたことを憶《おぼ》えています。

私は後述する「ある事件」をきっかけにして、「社会体制の変革より、個の変革こそが重要なのだ」ということを学びました。つまり、社会体制を資本主義から社会主義に変えても、人が変わらない限り世の中は変わらないことに気づいたのです。

一人ひとりの人間が変わらない限り、社会は本当の意味で変わらないという信念の中で、私は学生運動から離脱《りだつ》しました。あらゆる政治的組織や政治的活動から身を引きました。拳《こぶし》を振《ふ》り上げることに疲《つか》れていたのです。拳を振り上げて戦うことより、哀《かな》しい目をして、優しく人を包みたかったのです。そして、この選択は正しかったと、現在も確信しています。その後、社会主義国家であるソビエト連邦が崩壊《ほうかい》したことを見ても、現在の一部資本主義化した中国という強権国家の内部の矛盾《むじゅん》を見ても、理解できることです。

これらの経験から、「個の改革」に直接取り組むことができる教員として生きる道を選びました。私が常に権力や権威《けんい》に背を向けて、若者の側《がわ》に立って、若者の言葉に耳を貸そうとしているのは、このような過去の出来事が影響しているからでしょう。

ある事件とは、組織にまつわることです。

組織とは恐ろしいものです。組織は一人の人を必要としていません。組織の中では、人は駒として、歯車として扱われます。上の人間の指示のままに動かされます。軍隊と一緒です。組織の上部の人が、必要とか有用と見なした人物は大切に守られ、駒とされた人たちはいいように使われる。多くの私の仲間たち、とくに勤労奉仕要員の若者たちが、警察に逮捕されました。しかし、党の幹部たちは一人も逮捕されていません。私は、これを許すことができなかったのです。

忘れることのできない闘争があります。当時、神奈川県のある高校で、高校改革のために学校閉鎖をすることになりました。学校の管理主義を批判するビラを校門で撒《ま》き、定期試験を中止させ、教育委員会や県、学校当局に反省を迫る。そのような威圧《いあつ》行為でした。党や組織幹部の構想では、ピケを張り（見張り役を立てる）ビラを配るのは勤労青少年や夜間定時制高校の生徒たちとし、私のような昼の高校生たちにはやらせない方針でした。これを知った私は抵抗しました。そんな中、親しかった中卒の工場で働いていたある青年が、私に言いました。

「俺たちはこれでいいんだ、警察に捕《つか》まっても。でも、水谷さんは違う、たくさん勉強しているから。まずは、俺たちが小さな改革の火を起こす。それを、頭のいい水谷さんたちが大きな炎《ほのお》にしてくれたらいい。この国を俺たち貧しい労働者が幸せになれる国にしてほしい」

この闘争で、私は彼とともに最前列に立ち、警察に捕まりました。組織の幹部や党の人間で、逮捕された人は誰一人としていません。

このときを境にして、組織を抜けました。それ以来、明日を語る組織をつくる人たちとは、常に一線を画し、近づかないようにしています。そして、常に、一人の人間として、一人の教員として、子どもたちに寄り添い、生きてきました。

そんな私が、これまで公明党の仲間たちとともに戦ってきたのは、まさに公明党が、社会体制の変革ではなく、常に声なき声に寄り添い、一人ひとりの人たちの幸せのために活動していたからです。「体制の改革」ではなく、「個の改革」からこの国を変えていく。まさに、私の生き方と一つだったのです。

今、この国は、混乱しています。

多数の心を病《や》む人たち、貧困《ひんこん》へと追いやられる人たち、明日を見失《みうしな》い、押しつぶされていく若者たち、高齢者の人たち。何としても、その人たちの側に立ち、その人たちの幸せをつくらなくてはなりません。

そのためにもぜひ、みなさん、「一揆《いっき》」を起こしましょう。

「一揆」といっても江戸時代のように、鎌《かま》や竹槍《たけやり》を持って戦おうというのではありません。一つひとつの声なき声を、哀しみを、明らかにし、みんなで力を合わせて、国を動かし、解決していくのです。政策として。

武器は、ただ一つ、「優しさ」です。

かつて江戸時代、農民たちが、藩《はん》の圧政《あっせい》に対して立ち上がり、命をかけて「一揆」

を起こしたとき、彼らは、「傘連判状《からかされんぱんじょう》」を書きました。紙に、みんなが順番に円になるように名前を書き、血判を押し、仲間たちに命を捧《ささ》げることを誓いました。これは、だれが首謀者《しゅぼうしゃ》であるかを知られないためであると同時に、みんなが心を一つにして、仲間として立ち向かう決意の表れでした。

私は、公明党「チーム3000」の仲間たちと、子どもたちのために、ともに戦うたびに、この「傘連判状」を思い出しました。

みんなが、心を一つにして、この国の子どもたちのために、高齢者のために、貧《まず》しさに苦しむ人たちのために、病《やまい》に苦しむ人たちのために、すべての人の幸せのために戦いましょう。

「優しさ」を武器として、その「優しさ」を、一人ひとりが、それぞれの戦いの場で、家庭で、地域で、職場で、国で、世界で配り続けるのです。世界中が、国中が、職場中が、地域中が、家庭中が、「優しさ」で満《み》ちあふれるように。これこそが、「令和一揆」です。

かつて、悩み、苦しみ、死を語っていた一人の少女からの私へのメールをここにそっと置いて、この本を書き終えることとします。

ぜひ、心で、読んでください。（原文ママ）

「水谷先生こんばんは。まだこのメールアドレスが活きていると信じて、感謝の気持ちを伝えたいと思い今画面に向かっています。

　とても長々と書いてしまっていますが、先生のご本のおかげでたくさんの豊かさに気づくことが出来て、私は今とても楽しいです。本当に幸せだと思います。少しでも私から先生へ、ありがとうという気持ちが伝われば幸いです。お時間があれば、目を通して頂ければ幸いです。

　普段、私は女子大生として生きています。数週間前、生きててもとんでもなく退屈で、自分には大切なものがいつの間にか抜《ぬ》け落ちている気がして、1年ほど前に買った水谷先生の本を読み返しました。少し読んだだけで、『ああ、だからダメだったんだな』と思いました。私は、先生がご本で『してはいけないよ』と書いているようなことを沢山《たくさん》していました。自分に沢山こだわって、周りにある豊かな自然も『あって当たり前だ』とないがしろにして、美しさに目を向けることも何もしていませんでした。

でも読んだ翌日から、自然に目を向けるようになって、毎日微妙に異なる生の匂《にお》いを感じたり、どんな気候でも、生きる意味も何も考えずに日々さりげなく、でも美しく咲く花達を見つけたりしているうちに、大袈裟《おおげさ》じゃなく『この世界は素敵なものだな』と思えました。

また、『優しさを配ろう』という意識でいたら、逆に周りの人から配られるたくさんの優しさに気づくことが出来ました。そして以前よりも沢山の人の生き生きとした表情が目に飛び込んでくるようになり、つられて自分の表情もたくさん解放出来るようになりました（以前は監視《かんし》のようなことをしてくるクラスメイトがいたので、いつの間にか注目されないように、表情の変化を悟られないようにマスクをしたり、真顔で過ごすことが多かったのです）。

結局『監視』に耐《た》えきれなくなり、今は別の学年だった子達と一緒に過ごしていますが、たとえ、話したことのないクラスメイトでも、にっこりして優しく話しかけたり、少し困った顔をして分からないことをたずねたら、誰も私に冷たくしないで、優しく教えてくれる。本当に良い人たちに囲まれてるんだな、恵まれているんだなと自然に思えるようになりました。

そして、そういった豊かさに気づきながら、しっかりと現実世界で自分の立ち位置や周りの人との関係を築きだしたら、勉強もとても楽しくなりました。講義が本当に面白《おもしろ》く思えて、自分の頭にとても良い刺激が与えられているのが分かってさらに楽しくて、『こんなに手ごたえがあるものだったんだ！』と新しいおもちゃを与えられた子供のように、テキストを読んだり、問題を解いたりしていきます。毎日本当にワクワクしながら机に向かっていて、『学生生活がこんなに楽しくていいのかな』と思うほどです。あまりにも自分の今の生が充実してて、本当にありがたく思います。

先生、お忙しい中この本を世に出してくださり、そして沢山の気づきを与えてくださりありがとうございました。

毎日ワクワクしながら早い時間に目覚め、美味《おい》しいご飯をいただき、太陽の下で豊かな自然と多くの人に囲まれながら生きている毎日が本当に宝物です。

これからも、たくさんの人と向き合い、勉強も楽しんで、生きていきたいと思います。梅雨入りなどしましたが、お身体に気をつけてください。長文にはなりましたが、本当にありがとうございました」

二〇二〇年一月吉日

水谷　修

水谷 修（みずたに・おさむ）

1956年、神奈川県横浜市生まれ。上智大学文学部哲学科を卒業後、83年に横浜市立高校教諭となる。2004年9月に退職。在職中から子どもたちの非行防止や薬物汚染防止のために「夜回り」とよばれる深夜パトロールを行っているほか、メール・電話による相談を続け、全国各地での講演活動も展開している。

カバーデザイン／藤原光寿
本文デザイン／安藤 聡
写真撮影／柴田 篤（帯・P182）
公明新聞（P135、P153）
PIXTA（P37、P69、P85）
資料・写真協力／石川博崇事務所（P6）
竹谷とし子事務所（P103）
地域がん診療連携拠点病院（P145）
公明党三重県本部（P159）
浜田昌良事務所
佐々木さやか事務所
『第三文明』編集部
水谷青少年問題研究所
編集ディレクション／朝川桂子

夜《よ》回《まわ》り先生《せんせい》 水谷修《みずたにおさむ》が見《み》た公明党《こうめいとう》

2020年4月20日　初版第1刷発行
2023年3月16日　初版第5刷発行

著　者　水谷《みずたに》　修《おさむ》
発行者　大島光明
発行所　株式会社　第三文明社
東京都新宿区新宿 1-23-5
郵便番号　160-0022
電話番号　03（5269）7144（営業代表）
03（5269）7145（注文専用）
03（5269）7154（編集代表）
URL　https://www.daisanbunmei.co.jp
振替口座　00150-3-117823
印刷・製本　中央精版印刷株式会社

ISBN 978-4-476-03392-2